全国职业教育汽车类"十三五"规划教材

汽车车身电气设备检修

主　编　李　波
副主编　沙立君

北京邮电大学出版社
www.buptpress.com

内容简介

本书遵循职业教育理实一体化课程改革的指导思想,强调以实践为主,理论为辅。筛选典型的工作任务,取材于最贴近生产实际的案例设计课程内容,让学生在实践中掌握解决问题的方法和技能,是汽车运用与维修专业理实一体化任务课程教材。

全书以工作任务为导向设置课程体系,主要包括:汽车电路图识读、电源系统检修、起动机系统检修、照明系统检修、信号系统检修和辅助电气设备检修等六个项目。根据汽车电气系统的结构和汽车维修工作过程,这六个项目又下设汽车电路基础元件认知、识读整车电路图、蓄电池检修、发电机检修、电源系统电路检修、起动机检修、起动系统电路检修、前照灯及电路检修、车内照明及电路检修、转向灯开关及电路检修、制动灯开关及电路检修、喇叭及控制电路检修、雨刮系统检修、电动车窗检修、中控门锁检修、电动座椅检修、电动后视镜检修和安全气囊检修,共18个任务。

本书以培养学生解决实际问题的能力为本,重点培养学生汽车维修的实践能力。既可作为中等职业学校汽车运用与维修专业学生的教学用书,也可以作为职业技能培训和其他从事相关专业人员的参考用书。

图书在版编目(CIP)数据

汽车车身电气设备检修 / 李波主编. -- 北京:北京邮电大学出版社,2017.8
ISBN 978-7-5635-5249-8

Ⅰ.①汽… Ⅱ.①李… Ⅲ.①汽车-电气设备-车辆修理 Ⅳ.①U472.41

中国版本图书馆CIP数据核字(2017)第197204号

书　　　名:	汽车车身电气设备检修
著作责任者:	李　波　主编
责任编辑:	刘　佳
出版发行:	北京邮电大学出版社
社　　　址:	北京市海淀区西土城路10号(邮编:100876)
发 行 部:	电话:010-62282185　传真:010-62283578
E-mail:	publish@bupt.edu.cn
经　　　销:	各地新华书店
印　　　刷:	北京鑫丰华彩印有限公司
开　　　本:	787 mm×1 092 mm　1/16
印　　　张:	13.75
字　　　数:	341千字
版　　　次:	2017年8月第1版　2017年8月第1次印刷

ISBN 978-7-5635-5249-8　　　　　　　　　　　　　　定　价:46.00元

· 如有印装质量问题,请与北京邮电大学出版社发行部联系 ·

前　言

随着汽车的逐步普及和交通运输业的日益发展，汽车保有量大幅增加，社会对汽车维修专业技能人才的需求不断增大，对其知识和技能的要求也在持续提高，这就对相应的职业教育和培训提出了更高、更新的要求。

为更好地适应中等职业技术学校汽车类专业的教学要求，全面提升教学质量，在我校8年来理实一体化教学改革经验的基础上，根据职业教育的实际需求，结合实际生产、管理和服务，以为一线培养专门技术人才为特点，以就业为导向、以能力为本位、以岗位需要和职业标准为依据，结合规范化学校建设、重点专业建设项目以及作者多年来从事一线汽车类专业教育的教学经验和汽车维修企业技术的工作经验，以职业岗位技能需求为目标，以注重应用能力培养为理念编写了此书。

本书以国家职业标准《汽车修理工（中级）》为依据，按照科学性、合理性、实用性、针对性的原则，突出职业岗位素质和能力培养。精选教学内容以应用为目的，以"必需、够用、适用"为度，注重理论与实践的联系，突出应用性，充分体现了职业技术教育教学的特点。

全书以工作任务为导向设置课程体系，注重专业知识，突出能力训练，将汽车专业知识通俗化，尽量采用以图代文的表现形式，降低学习难度，提高学生的学习兴趣，从而达到好学、好教的目的。将从事汽车行业所需的实际专业知识和实践技能以典型工作任务的方式呈现，以学生为中心，以任务为主线，实践为主，理论为辅，理实一体化，具有很强的实用性、实践性。全书共分六个项目，下设18个学习任务。在本书编写的过程中，得到了上海景格科技股份有限公司的大力支持和帮助，再次向各位领导和同仁表示崇高的敬意与衷心的感谢！本书由滨州市技术学院的李波任主编，沙立君任副主编，参加编写的有滨州市技术学院的许力、田羽、周庆龙、宁建、张进。

由于编者的水平有限，加之编写时间短、经验不足，书中难免存在疏漏和不妥之处，敬请业内同行及广大读者批评指正，多提出宝贵意见，以便本书日臻完善。

编　者

目 录

项目一 汽车电路图识读 ·· 1
　学习任务 1　汽车电路基础元件认知 ·· 2
　学习任务 2　识读整车电路图 ··· 8

项目二 电源系统检修 ·· 21
　学习任务 1　蓄电池检修 ··· 22
　学习任务 2　发电机检修 ··· 41
　学习任务 3　电源系统电路检修 ·· 51

项目三 起动机系统检修 ·· 61
　学习任务 1　起动机检修 ··· 61
　学习任务 2　起动系统电路检修 ·· 79

项目四 照明系统检修 ·· 85
　学习任务 1　前照灯及电路检修 ·· 85
　学习任务 2　车内照明及电路检修 ··· 97

项目五 信号系统检修 ·· 102
　学习任务 1　转向灯开关及电路检修 ··· 102
　学习任务 2　制动灯开关及电路检修 ··· 110
　学习任务 3　喇叭及控制电路检修 ··· 116

项目六 辅助电气设备检修 ··· 126
　学习任务 1　雨刮系统检修 ·· 127
　学习任务 2　电动车窗检修 ·· 148
　学习任务 3　中控门锁检修 ·· 157
　学习任务 4　电动座椅检修 ·· 170
　学习任务 5　电动后视镜检修 ··· 185
　学习任务 6　安全气囊检修 ·· 196

项目一

汽车电路图识读

项目描述

电路图又称作电路原理图,用于反映电源和电子元器件的电气连接情况。通过读识电路图,可以了解电子设备的电路结构和工作原理。汽车电气系统检修时,看电路图是一项重要内容,怎样才能尽快学会看懂电路图呢?这就需要对电路图的构成要素有一个基本的了解,熟悉组成电路图的各种电气符号,掌握电路图的一般画法。

本项目主要学习汽车电路基础元件的认知和整车电路识图的方法。

学习目标

1. 识读汽车线路常见的元件符号。
2. 掌握识读汽车电路图的方法。
3. 熟悉汽车电路图的分类。
4. 根据车型车款的相关技术资料,分析相应的故障点,并能排除一些简单的常见故障。

项目任务

学习任务1　汽车电路基础元件认知

学习任务2　识读整车电路图

学习任务1　汽车电路基础元件认知

一、任务目标

1. 知道汽车电路的组成。
2. 能叙述汽车电路中各零部件的功用。
3. 了解汽车导线的规格。

二、知识准备

1. 汽车电路概念

汽车电路通常由电源电路、起动电路、点火电路、照明与灯光信号装置电路、仪表信息系统电路、辅助装置电路和电子控制电路等组成。它们按照各自的工作特性和彼此间的内在联系,通过中央接线盒、继电器、保险装置、电线束、插接器、保护装置以及其他开关装置等连接起来,成为一个综合网络。

2. 汽车电路的组成

汽车电路主要由电源、电路保护装置、控制器件、用电设备及导线等组成。汽车电器的基础元件主要有熔断器、插接器、各种开关、继电器、导线等,它们是汽车电路的基本组成部分。

（1）电源

汽车上装有两个电源,即蓄电池和发电机,其功能是保证汽车各用电设备在不同情况下都能投入正常工作。

（2）电路保护装置

为防止因短路或过载造成线路或用电设备的损坏,汽车电气线路中均设有电路保护器件,主要为保险丝。保险丝能承受额定电流的长时间负载,保险丝是否熔断取决于流过的电流值的大小和本身的结构参数。

为了便于检查和更换保险丝,汽车上常将装置在电路中的保险丝集中安装在一起,形成一个保护数条至数十条电路的保险丝盒。保险丝大致分布在发动机舱电控箱侧面或电瓶上侧、发动机舱电控箱上侧或车内仪表板侧面(驾驶员侧),如图1-1所示。

（3）控制器件

电路控制器件一般是指开关和继电器。

项目一　汽车电路图识读

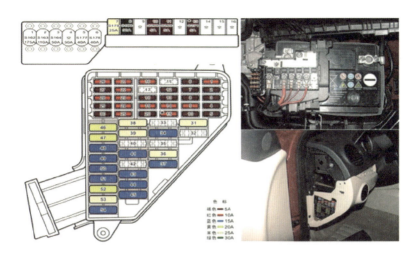

图 1-1　保险丝的位置

① 开关

点火开关又称点火锁或点火钥匙开关,用于控制常用电器的电源电路和起动电路。为防止车辆被盗,有的在点火开关上设有转向盘锁止机构。点火开关可分为三挡位点火开关和四挡位点火开关。三挡位点火开关主要有"OFF"(断)挡、"ON"(通)挡、"ST"(起动)挡;四挡位的点火开关除了上述这些挡位外,还有"ACC"(辅助电器)挡,如图 1-2 所示。

组合开关是一个多功能开关,可分为旋转式和手柄式两种。旋转式组合开关主要由示宽灯开关、近光灯开关、前雾灯开关、后雾灯开关组成,它安装在仪表板左侧空调出风口下侧,以便于驾驶员操作,

图 1-2　四挡位点火开关

如图 1-3 所示。手柄式组合开关主要有转向组合开关和雨刮组合开关,它们安装在转向盘下的转向柱上,以便于驾驶员操作,如图 1-4 所示。

图 1-3　旋转式组合开关

图 1-4　手柄式组合开关

② 继电器

继电器是利用电磁或机电原理实现自动接通或切断一对或多对触点,它通过流经开关和继电器电磁线圈的小电流来控制用电装置的大电流,以起到减小流经开关的电流,保护开关触点不被烧蚀的作用。常见的电路控制继电器有电源继电器(又称卸荷继电器)、起动继电器、前照灯继电器、雾灯继电器、喇叭继电器、空调继电器、电子风扇继电器等。

继电器按其触点不同,可分为常开式继电器、常闭式继电器、混合式继电器三种,如图1-5所示。常开式继电器通电动作后接通控制电路;常闭式继电器通电动作后切断控制电路;混合式继电器平时常闭触点接通、常开触点断开,如果继电器线圈通电,则变成相反的状态。

(a) 常开式继电器　　(b) 常闭式继电器　　(c) 混合式继电器

图1-5　继电器的类型

(4) 用电设备

汽车上的用电设备包括电动机、电磁阀、灯泡、仪表、各种电子控制器件和部分传感器等。

(5) 电路连接器件

电路连接器件主要为导线和插接器。

① 导线

导线将汽车上各种电气装置连接起来构成电路,此外汽车上通常用车体代替部分从用电器返回电源的导线。

② 插接器

为了便于接线、布线和查找,汽车线束中各导线端头均焊有接线片,并在导线与接线片的连接处套以绝缘管。汽车上普遍采用插接器进行导线的连接,插接器由插头和插座两部分组成,根据电路连接的需要其针脚数多少不等。插接器内的针脚有片状和针状(圆柱状)两种,如图1-6所示。

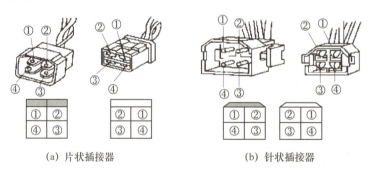

(a) 片状插接器　　　　　　　(b) 针状插接器

图1-6　接插器

为了防止汽车行驶中因颠簸、振动而造成插接器的脱开,插接器还设计有闭锁装置,如图1-7所示。拆卸插接器时,压下闭锁,稍用力往外拉出即可。

项目一 汽车电路图识读

> **注意事项**
>
> 在未完全压下闭锁时,不可用力过猛,不然就会造成闭锁装置或导线的损坏。

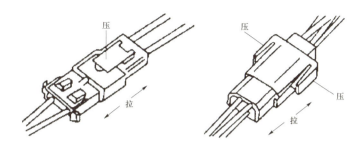

图 1-7 插接器闭锁装置

3. 汽车导线的种类

汽车上使用的导线有低压线(多芯软线)、屏蔽线和高压点火线三种,如图 1-8 所示。

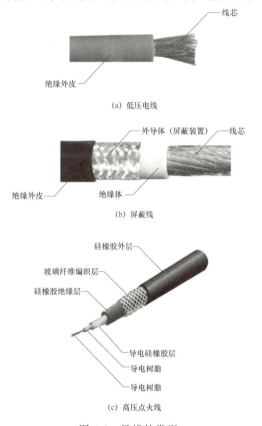

图 1-8 导线的类型

(1) 低压线

低压线按用途不同可分为普通低压线、起动电缆线及蓄电池搭铁线三类。

随着汽车电器增多,导线数量也不断增加。为了便于维修,低压导线常以不同颜色来区分。其中,横截面积在 4 mm² 以上的采用单色线,而 4 mm² 以下的采用双色线,搭铁均用黑色线。汽车低压导线的颜色与代码,如表 1-1 所示,汽车各电器系统线束颜色,如表 1-2 所示。

表 1-1 车用低压导线的颜色与代号

导线颜色	黑	白	红	绿	黄	棕	蓝	灰	橙
代号	B	W	R	G	Y	Br	Cr	V	O

表 1-2 车电系各系统的主色

序号	系统或部件名称	主色	颜色代码
1	电源系统	红	R
2	起动、点火系统	白	W
3	雾灯	蓝	Bi
4	灯光、信号系统	绿	G
5	防空灯及车身内部照明系统	黄	Y
6	仪表、报警系统、喇叭系统	棕	Br
7	收音机、石英钟、点烟器等辅助电器系统	紫	V
8	各种辅助电动机及操纵系统	灰	Gr
9	搭铁线	黑	B

起动电缆线也属铜质多芯软线,用于连接蓄电池与起动机电磁开关的主接线柱。该导线截面积较大,常用的截面积有 25 mm²、35 mm²、50 mm²、70 mm² 等多种规格,允许电流达 500~1 000 A。

蓄电池的搭铁线一般采用铜丝编织成的扁形软导线,不带绝缘层。

(2) 高压点火线

高压点火线简称高压线,用于发动机点火线圈至火花塞之间的高压电路。由于承受的工作电压高达 10~20 kV,电流强度却很小,因此高压线的绝缘层很厚、耐压性能好,但线芯截面积却很小。

(3) 屏蔽线

屏蔽线也称铠装电缆或同轴射频电缆,用作各种传感器和电子控制装置的信号线以及汽车收音机的天线馈线等。这种导线内只有电压很低的微弱信号电流通过,为了不受外界的电磁感应干扰(如火花塞点火时、发电机励磁绕组磁场的变化、电器开关开闭时产生的干扰),在其线芯外不仅有一层绝缘材料,还覆有一层屏蔽用的导体,最外层为保护用外皮。

导线截面受到通过电路的电压降的制约,整车电路的电压降最大允许阻值为 0.8 V。当发电机以额定负载工作时,电源线的电压降最大允许值为 0.3 V;当起动机通过起动电流时,电压降的最大允许值为 0.5 V。这是因为导线横截面积小时,导线电阻将增大,温度将升高。电阻增大会使电压降增大,可能导致用电设备供电电压不足而无法正常工作。温度升高会加速导线老化,缩短其使用寿命,温度过高还有可能导致火灾。

三、任务实施

(一) 实施方案

1. 质量要求

参照厂家的质量标准要求。

2. 组织方式

每四个学生为一组,按照标准的施工操作流程,完成查看 2007 款卡罗拉 1.6 L/AT 轿车低压导线、高压点火线、屏蔽线安装位置及其规格的基础作业项目。

3. 作业准备

(1) 技术要求与标准:参考教材中的导线规格标准。

(2) 设备器材:汽车低压导线、汽车高压点火线、汽车屏蔽线。

(3) 场地设施:理实一体化教室、消防设施的场地。

(4) 设备设施:实验室操作台、标保工具车、垃圾桶等。

(二) 操作步骤

(1) 在工具箱里把需要的工具找出,放置到操作台。

(2) 对汽车低压导线进行辨识。

(3) 对汽车高压点火线进行辨识。

(4) 对汽车屏蔽线进行辨识。

(5) 把工具原位放回,整理操作台。

四、任务小结

1. 汽车电路的概念

汽车电路通常由电源电路、起动电路、点火电路、照明与灯光信号装置电路、仪表信息系统电路、辅助装置电路和电子控制电路等组成。

2. 汽车电路的组成

汽车电路主要由电源、电路保护装置、控制器件、用电设备及导线等组成。

3. 汽车导线的种类

汽车上使用的导线有低压线(多芯软线)、屏蔽线和高压点火线三种。

五、任务评价

(一) 课堂练习

1. 判断题

(1) 汽车上的电源只有发电机。   (   )

(2) 电路控制器件一般是指开关和熔断器。   (   )

(3) 汽车上使用的导线有低压线(多芯软线)、屏蔽线和高压点火线三种。   (   )

2. 单选题

(1) 汽车电系各系统的主色中代表电源系统的颜色是（　　）。
　　A. 黑色　　　　B. 白色　　　　C. 绿色　　　　D. 红色
(2) 汽车电器的基础元件主要是指熔断器、插接器、各种开关、继电器及（　　）。
　　A. 导线　　　　B. 传感器　　　C. 蓄电池　　　D. 发电机
(3) 高压导线用来传送高压，由于工作电压很高，一般都在（　　）以上。
　　A. 10 kV　　　 B. 15 kV　　　 C. 18 kV　　　 D. 20 kV
(4) 继电器按其触点不同，可分为常开式继电器、常闭式继电器及（　　）继电器三种。
　　A. 半开式　　　B. 屏蔽式　　　C. 控制式　　　D. 混合式
(5) 低压线按用途不同可分为普通低压线、起动电缆线及（　　）三类。
　　A. 点火线　　　B. 蓄电池搭铁线　C. 屏蔽线　　　D. 多芯软线

（二）技能评价

进行自我技能评价，完成表1-3。

表1-3　技能评价表

序号	内容	分值	得分
1	在工具箱里把所需的工具找全，放置于操作台上	15	
2	按教材的分类方法给导线进行分类	25	
3	描述出汽车各类别导线的特征	25	
4	按照导线的颜色，对其进行分类并记录	25	
5	整理操作台，零件归类，垃圾分类	15	
	总分	100	

学习任务2　识读整车电路图

一、任务目标

1. 了解汽车整车电路和汽车电路布线原则。
2. 能够对卡罗拉汽车电路图进行分析。
3. 掌握基本的汽车电路符号。

二、知识准备

1. 汽车整车电路

汽车整车电路通常由电源电路、起动电路、点火电路、照明与灯光信号装置电路、仪表信息系统电路、辅助装置电路和电子控制系统电路组成。

(1) 电源电路

电源电路也称充电电路，是由蓄电池、发电机、调节器及充电指示装置等组成的电路，电能分配(配电)及电路保护器件也可归入这一电路。

(2) 起动电路

起动电路是由起动机、起动继电器、起动开关及起动保护电路组成的电路。也可将低温条件下,起动预热的装置及其控制电路列入这一电路内。

(3) 点火电路

点火电路是汽油发动机汽车特有电路,由点火圈、分电器、电子点火控制器、火花塞及开关组成。

(4) 照明与灯光信号装置电路

照明与灯光装置电路是由前照灯、雾灯、示廓灯、转向灯、制动灯、倒车灯、车内照明灯及有关控制继电器和开关组成的电路。

(5) 仪表信息系统电路

仪表信息系统电路是由仪表及其传感器、各种报警指示灯及控制器组成的电路。

(6) 辅助装置电路

辅助装置电路是为提高车辆的安全性、舒适性等而设置的各种电器装置组成的电路。辅助电器装置的种类随车型不同而有所差异,汽车档次越高,辅助电器装置越完善,一般包括风窗刮水及清洗装置、风窗除霜(防雾)装置、空调装置、音响装置等。较高级车型上还装有车窗电动举升装置、电控门锁、电动座椅调节装置和电动遥控后视镜等。电子控制安全气囊归入电子控制系统。

(7) 电子控制系统电路

电子控制系统电路主要有发动机控制系统(包括燃油喷射、点火、排放等控制)、自动变速器及恒速行驶控制系统、制动防抱死系统及安全气囊控制系统等电路组成。

2. 汽车电路的布线原则

尽管各汽车电气设备的数量、形式、安装位置、接线方式有些差异,但它们都具有以下几个共同特点。

(1) 单线、并联

单线制,是指利用汽车发动机和底盘、车身等金属机件作为各种用电设备的共用连线(又称搭铁),而用电设备到电源只需另设一根导线。任何一个电路中的电流都是从电源的正极出发,经导线流入用电设备后,通过金属车架流回电源负极而形成回路。汽车上各电气设备的接线大多采用单线制,如图1-9所示。

用电设备并联,是指汽车上的各种用电设备都采用并联方式与电源连接,每个用电设备都由各自串联在其支路中的专用开关控制,互不产生干扰。

(2) 低压、直流

汽车电气设备采用低压直流供电,柴油车大多采用24 V直流供电,汽油车大都采用12 V直流电压供电。

(3) 两个电源

两个电源,是指蓄电池和发电机两个供电电源。蓄电池是辅助电源,在汽车未运转时向有关用电设备供电;发电机是主电源,当发动机运

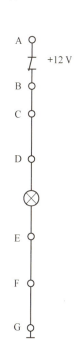

图1-9 单线制

转到一定转速后,发电机转速达到规定的发电转速,开始向有关用电设备供电,同时对蓄电池进行充电。两者互补可以有效地使用电设备在不同的情况下都能正常地工作,同时也延长了蓄电池的供电时间,如图 1-10 所示。

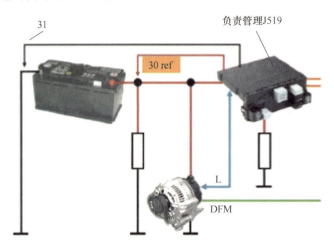

图 1-10 两个电源

（4）负极搭铁

采用单线制时,将蓄电池的负极用导线连接到发动机或底盘等金属车体上,称为负极搭铁。我国标准中规定汽车电器必须采用负极搭铁,目前世界各国生产的汽车也大多采用负极搭铁方式。

（5）保护装置

为了防止短路而烧毁线束,在汽车电气线路中,除设有开关和继电器等控制器件外,还设有电路保护器件。汽车上用电设备越多,则电路保护装置也越多,如图 1-11 所示。

图 1-11 蓄电池和保险丝

3. 丰田汽车电路图的表达方式

对于电器设备较多的汽车,在电路图上线多而乱,给识读带来很多困难,目前国际上汽车电路图流行"纵向排列式画法",即总线路采用纵向排列,不走折(极个别地方除外),图上不出现导线交叉,对某一线路来说,从头到尾不超过所在线路纵向的75%,同类电路局限在总线路横向的一个区域内。这样对电器设备繁多的汽车电路,提供了一种简洁明了的读图方法。以下以丰田汽车电路图为例说明其识读方法,如图1-12所示。

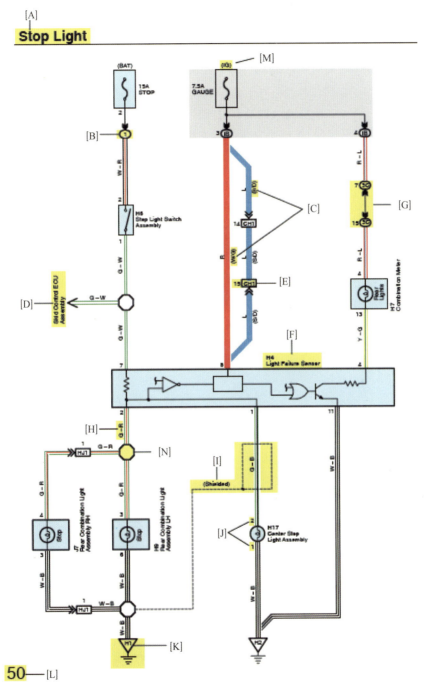

图1-12 丰田系统电路图

（1）丰田系统电路图解读

【A】：系统名称。

【B】：表示继电器盒。无阴影表示且仅显示继电器盒号以区别接线盒。例：① 表示1号继电器盒。

【C】：当车辆型号、发动机类型或规格不同时，用（　）来表示不同的配线和连接器。

【D】：表示相关系统。

【E】：表示用以连接两根线束的(阳或阴)连接器的代码。该连接器代码由两个字母和一个数字组成，如图1-13所示。

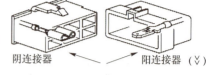

图1-13　连接器

连接器代码的第一个字符表示指示带阴连接器的线束的字母代码；第二个字符表示带阳连接器的线束的字母代码；第三个字母表示在出现多种相同的线束组合时，用于区分线束组合的系列号（如CH1和CH2）。符号（　）表示阳端子连接器，连接器代码外侧的数字表示阳连接器或阴连接器的引脚编号。

【F】：表示零件(所有零件用天蓝色表示)。此代码与零件位置图中所用的代码相同。

【G】：接线盒(圈内的数字是接线盒号,旁边为连接器代码)。接线盒用阴影标出,以便将它与其他零件清楚地区别开来,如图1-14所示。

【H】：表示配线颜色。配线颜色用字母表示如下：

B＝黑色　W＝白色　BR＝褐色　L＝蓝色　V＝紫色　SB＝天蓝色

R＝红色　G＝绿色　LG＝浅绿色　P＝粉色　Y＝黄色　GR＝灰色　O＝橙色

第一个字母表示基本配线颜色，表示条纹的颜色，如图1-15所示。

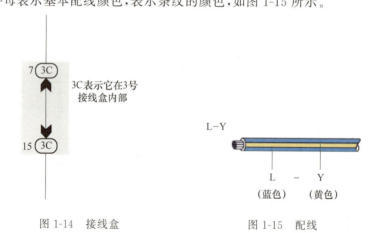

图1-14　接线盒　　　　图1-15　配线

【I】：表示屏蔽电缆，如图1-16所示。

【J】：表示连接器引脚的编号。阳连接器和阴连接器的编号系统各异，如图1-17所示。

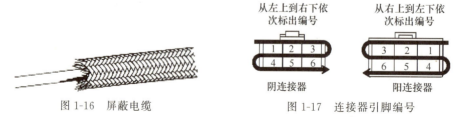

图1-16　屏蔽电缆　　　　图1-17　连接器引脚编号

【K】:表示搭铁点。该代码由两个字符组成:一个字母和一个数字。该代码的第一个字符表示指示线束的字母代码,第二个字符表示在同一线束有多个搭铁点时作区别用的系列号。

【L】:页码。

【M】:表示保险丝通电时的点火开关位置。

【N】:表示配线接点,如图1-18所示。

【O】:解释系统概述,如图1-19所示。

图1-18 配线节点

[O]系统概述

始终使电流通过制动灯保险丝加到制动灯开关总成的端子2上。
打开点火或起动机开关总成时,电流从仪表保险丝流到灯故障传感器的端子8,同时也流经后灯警告灯至灯故障传感器的端子4。
制动灯断开警告
打开点火或起动机开关总成并踩下制动踏板(制动灯开关总成ON),如果制动灯电路断路,且从灯故障传感器的端子7流到端子1,2的电流改变,则灯故障传感器检测到断开,且灯故障传感器的警告电路被激活。因此,电流从灯故障传感器的端子4流到端子11,再流到搭铁,并使后灯警告灯亮起。通过踩下制动踏板,流到灯故障传感的端子8的电流使警告电路保持ON,并在关闭点火或起动机开关总成之前一直使警告灯亮起。

[P] ○ 零件位置

代码	参见页	代码	参见页	代码	参见页
H4	36	H7	36	H17	38
H6	36	H9	38	J7	38

[Q] ○ 继电器盒

代码	参见页	继电器盒(继电器盒位置)
1	18	1号继电器盒(仪表板左侧支架)

[R] ○ 接线盒和线束连接器

代码	参见页	接线盒和线束(连接器位置)
3C	22	仪表板线束和3号接线盒(仪表板左侧支架)
IB	20	仪表板线束和仪表板接线盒(下装饰板)

[S] □ 连接线束的连接器和线束

代码	参见页	连接线束和线束(连接器位置)
CH1	42	发动机室主线束和仪表板线束(左侧踏脚板)
HJ1	50	仪表板线束和地板线束(右侧踏脚板)

[T] ▽ 搭铁点

代码	参见页	搭铁点位置
H1	50	左侧中柱下方
H2	50	背板中间

图1-19 代码说明

【P】:显示系统电路中的零件在车辆上的位置的参考页码。

*该代码的第一个字符表示指示线束的字母,第二个字符表示与线束连接的零件的系列号,如图1-20所示。

【Q】:显示系统电路中的继电器盒连接器在车辆上的位置的参考页码,如图1-19所示。

【R】:显示系统电路中的接线盒和线束在车辆上的位置的参考页码,如图1-19所示。

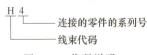

图1-20 代码说明

【S】：显示描述线束和线束连接器(首先显示阴连接器线束,然后显示接头线束)的参考页码。

例：连接器"CH1"连接发动机室主线束(阴连接器)和仪表板线束(阳连接器)。在本手册的42页中描述了此连接器,它被安装在左侧踏脚板上,如图1-19所示。

【T】：显示车辆上搭铁点位置的参考页码,如图1-19所示。

（2）丰田车系部件符号说明

丰田车系部件符号说明如图1-21所示。

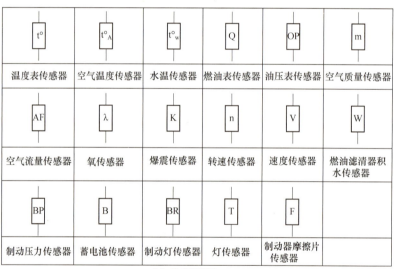

(a) 端子和导线符

(b) 传感器符号

(c) 限定符号

图1-21 丰田车系部件符号

项目一 汽车电路图识读

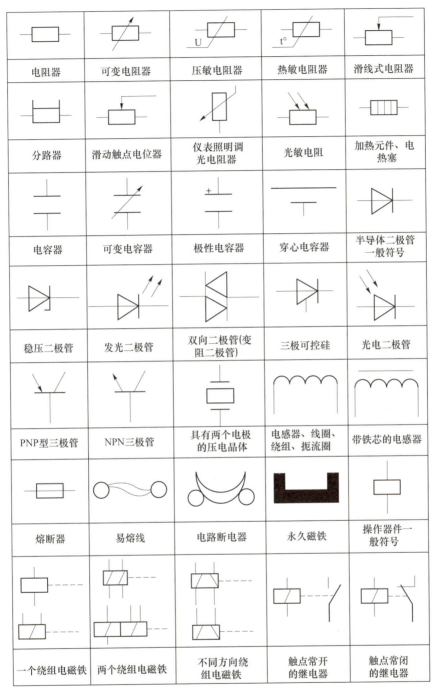

电阻器	可变电阻器	压敏电阻器	热敏电阻器	滑线式电阻器
分路器	滑动触点电位器	仪表照明调光电阻器	光敏电阻	加热元件、电热塞
电容器	可变电容器	极性电容器	穿心电容器	半导体二极管一般符号
稳压二极管	发光二极管	双向二极管(变阻二极管)	三极可控硅	光电二极管
PNP型三极管	NPN三极管	具有两个电极的压电晶体	电感器、线圈、绕组、扼流圈	带铁芯的电感器
熔断器	易熔线	电路断电器	永久磁铁	操作器件一般符号
一个绕组电磁铁	两个绕组电磁铁	不同方向绕组电磁铁	触点常开的继电器	触点常闭的继电器

(d) 电气元件符号

图 1-21 丰田车系部件符号(续)

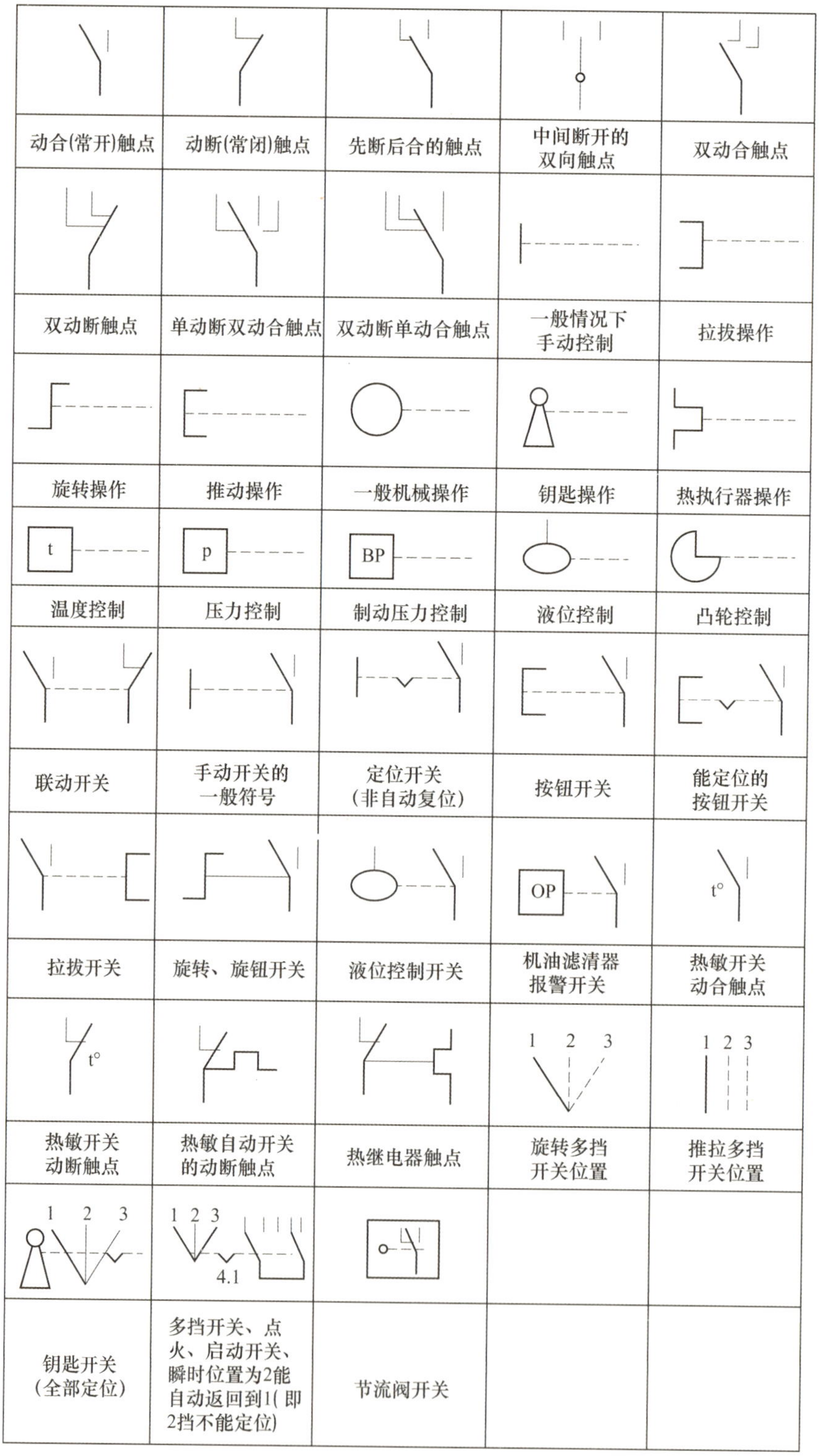
动合(常开)触点
动断(常闭)触点
先断后合的触点
中间断开的双向触点
双动合触点
双动断触点
单动断双动合触点
双动断单动合触点
一般情况下手动控制
拉拔操作
旋转操作
推动操作
一般机械操作
钥匙操作
热执行器操作
t
p
BP
温度控制
压力控制
制动压力控制
液位控制
凸轮控制
联动开关
手动开关的一般符号
定位开关(非自动复位)
按钮开关
能定位的按钮开关
OP
t°
拉拔开关
旋转、旋钮开关
液位控制开关
机油滤清器报警开关
热敏开关动合触点
t°
1 2 3
1 2 3
热敏开关动断触点
热敏自动开关的动断触点
热继电器触点
旋转多挡开关位置
推拉多挡开关位置
1 2 3
1 2 3
4.1
钥匙开关(全部定位)
多挡开关、点火、启动开关、瞬时位置为2能自动返回到1(即2挡不能定位)
节流阀开关

(e) 触点与开关符号

图 1-21 丰田车系部件符号(续)

项目一　汽车电路图识读

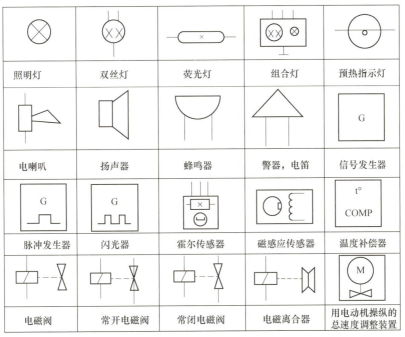

(f) 电器设备符号

(g) 仪表符号

图 1-21　丰田车系部件符号（续）

三、任务实施

（一）实施方案

1. 质量要求
参照厂家的质量标准要求。

2. 组织方式
每四个学生为一组，按照标准的施工操作流程，完成对卡罗拉汽车的电路照明图进行辨识学习。

3. 作业准备
(1) 技术要求与标准：参考卡罗拉汽车维修手册。
(2) 设备器材：卡罗拉轿车电路图。

(3) 场地设施:理实一体化教室、消防设施的场地。
(4) 设备设施:实验室操作台、垃圾桶等。

(二) 操作步骤

(1) 进入驾驶舱,安装防护套。
(2) 打开点火开关。
(3) 操作灯光组合开关操纵杆打开汽车近光灯。
(4) 观察近光灯是否点亮。
(5) 查阅卡罗拉轿车灯光照明电路图,如图 1-22 所示。

车内照明灯

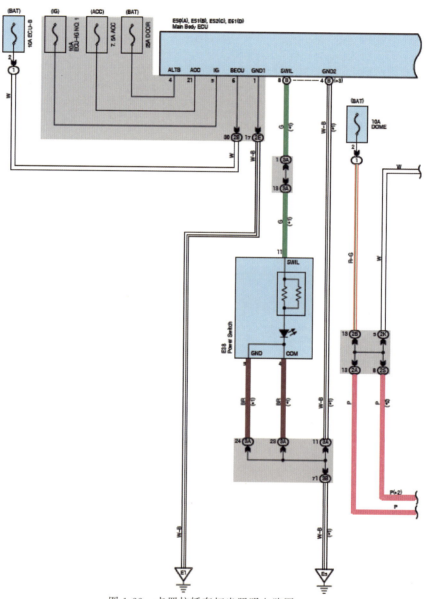

图 1-22 卡罗拉轿车灯光照明电路图

(6) 在电路图上找出蓄电池、点火开关、灯光组合开关、组合仪表、左右两侧近光灯的保险丝、近光灯的位置。

(7) 在纸上画出近光灯电流的走向。

四、任务小结

1. 汽车整车电路

汽车整车电路通常由电源电路、起动电路、点火电路、照明与灯光信号装置电路、仪表信息系统电路、辅助装置电路和电子控制系统电路组成。

2. 汽车电路的布线原则

汽车上的各种用电设备都采用并联方式与电源连接,每个用电设备都由各自串联在其支路中的专用开关控制,互不产生干扰。

3. 丰田汽车电路图的表达方式

汽车电气设备采用低压直流供电,柴油车大多采用 24 V 直流供电,汽油车大都采用 12 V 直流电压供电。

五、任务评价

(一) 课堂练习

1. 判断题

(1) 点火电路是汽油发动机汽车特有的电路,它由点火线圈、分电器、电子点火控制器、火花塞及点火开关组成。( )

(2) 布线图识按照汽车电器在车身上的大体位置来进行布线的。( )

(3) 电源部分到各电器熔断器或开关的导线是电器设备的公共火线,在电路原理图中一般画在电路图的下部。( )

(4) 汽车电路中,以元件和机体(车架)金属部分作为一根公共导线的接线方法称为单线制,将机体与电器相接的部位称为搭铁或接地。( )

2. 单选题

(1) 汽车电路的特点是双电源、单线制,各电器相互( ),继电器开关( )在电路中。

  A. 串联、并联   B. 并联、串联

  C. 串联、串联   D. 并联、并联

(2) 汽车线路一般采用( )线制、用电设备并联、负极搭铁、线路有颜色和编号加以区分,并以点火开关为中心将全车电路分成几条主干线。

  A. 单   B. 双

  C. 并轨   D. 平行

(3) ( )是按照汽车电器在车身上的大体位置来进行布线的。

  A. 布线图   B. 原理图

  C. 线束图   D. 线路图

（二）技能评价

进行自我技能评价，完成表1-5。

表1-5 技能评价表

序号	内容	分值	得分
1	规范安装防护套	20	
2	正确操作灯光操作杆打开近光灯	20	
3	在电路图上找出蓄电池、点火开关、灯光组合开关、左右两侧近光灯的保险丝、近光灯的位置	30	
4	在纸上正确画出近光灯电流的走向	20	
5	把工具设备归位，整理学习操作台	10	
	总分	100	

注：操作正确即得分，操作错误或未进行操作即0分。

项目二

电源系统检修

  项目描述

汽车电源系统向全车所有的用电设备供电。如果汽车缺少了电源系统,将无法起动,用电设备也都无法工作,例如夜间行驶没有照明,夏季车内无法使用空调制冷等,这都是人们无法接受的。无论是从安全还是从舒适度来考虑,电源系统都是至关重要,必不可少的。

本项目主要学习电源系统各部件的检查及维修方法,即电源系统的常见故障及其合理的处理措施。

  学习目标

1. 描述电源系统在使用过程中的注意事项。
2. 掌握电源系统各电路的工作原理。
3. 描述蓄电池、发电机的基本检查流程。
4. 规范地使用工具设备对电源系统进行基本的故障维修。

  项目任务

学习任务1 蓄电池检修
学习任务2 发电机检修
学习任务3 电源系统电路检修

学习任务 1　蓄电池检修

一、任务目标

1. 认知蓄电池的结构和工作原理。
2. 描述蓄电池的功能。
3. 了解蓄电池的性能检测和常见故障。
4. 规范完成蓄电池检查、检测及充电工作。
5. 规范完成蓄电池的更换工作。

二、知识准备

汽车电气设备所使用的电源是直流电源,来自蓄电池或发电机。

1. 蓄电池的结构

蓄电池是一种将电能以化学能的形式贮存并可将化学能转化为电能的装置。汽车上常用的蓄电池主要有:普通蓄电池、干荷蓄电池和免维护蓄电池。普通蓄电池结构如图 2-1 所示,免维护蓄电池结构如图 2-2 所示。

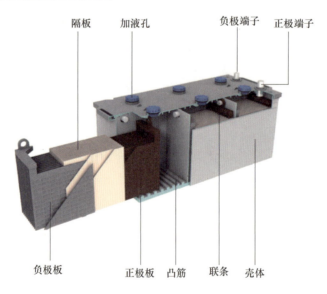

图 2-1　普通蓄电池结构

2. 蓄电池的工作原理

蓄电池的充、放电过程是由极板上的活性物质与电解液的电化学反应来实现的。正极板上的活性物质为二氧化铅(PbO_2),负极板上的活性物质为海绵状纯铅(Pb)。一片正极板和一片负极板浸入电解液中,可得到 2 V 左右的电动势。

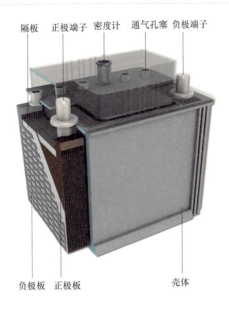

图 2-2 免维护蓄电池结构

正极板上的二氧化铅在硫酸溶液作用下电离为 Pb^{4+},同时产生 2 V 正电位;负极板上的铅在硫酸溶液作用下电离为 Pb^{2+},同时产生 -0.1 V 负电位,电动势产生。电离过程如图 2-3 所示。

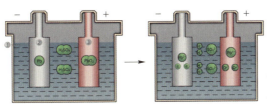

图 2-3 电离过程

放电过程:正负极板上产生硫酸铅,电解液密度下降。放电过程如图 2-4 所示。

$$PbO_2 + Pb + 2H_2SO_4 \longrightarrow 2PbSO_4 + 2H_2O$$

充电过程:正负极板上硫酸铅还原成氧化铅和铅,电解液中的水分还原成硫酸,电解液密度增大。充电过程如图 2-5 所示。

$$PbO_2 + Pb + 2H_2SO_4 \longleftarrow 2PbSO_4 + 2H_2O$$

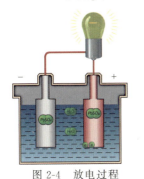
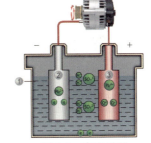

图 2-4 放电过程　　图 2-5 充电过程

3. 蓄电池的功能

蓄电池是一种将电能以化学能的形式贮存并可将化学能转化为电能的装置。蓄电池是汽车上的两个电源之一,是一种可逆直流电源,其功能主要有三种:供电、储电和稳压。

(1)供电。在发电机不发电时或电压较低时,由蓄电池向用电设备供电(如起动发动机时,向起动系统、点火系统以及收音机、点烟器及常用灯光等供电)。蓄电池供电示意图如图2-6所示。

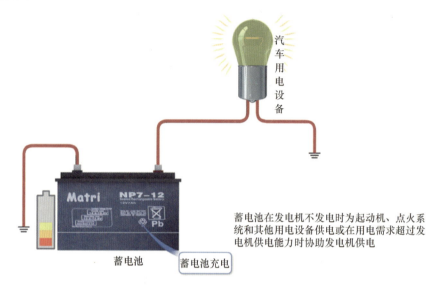

图2-6 蓄电池供电功能

(2)储电。当发动机高速运转,发电机电压高于蓄电池的充电电压时,蓄电池将发电机发出的多余电能存储起来(充电)。蓄电池储电示意图如图2-7所示。

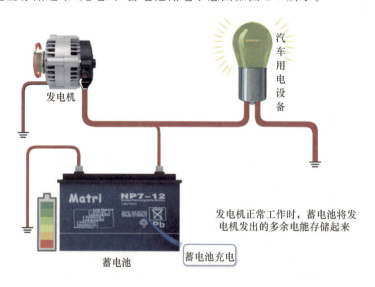

图2-7 蓄电池储电功能

（3）稳压。蓄电池起到整车电气系统的电压稳定器作用,它可以吸收电路中的瞬时电压、缓和电气系统的冲击电压,保持汽车电气系统电压的稳定,保护汽车上的电子元件。蓄电池稳压示意图如图 2-8 所示。

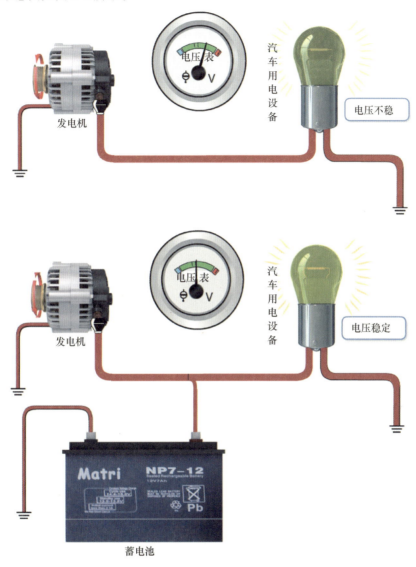

图 2-8　蓄电池稳压功能

4. 蓄电池的性能检测

蓄电池的性能检测包括蓄电池外观检查、电解液液面高度检查、蓄电池端电压检测、电解液密度测量及蓄电池放电程度检查等。

（1）蓄电池外观检查

通过直观检查可发现蓄电池的一些比较明显的问题,以缩短检修时间。通常应检查以下几个方面:

① 检查蓄电池外壳有无断裂、破损及泄漏;

② 检查蓄电池安装架是否夹紧、有无腐蚀,连接导线有无破损;

③ 检查蓄电池正负极柱是否氧化及腐蚀,电线夹头是否腐蚀,连接导线有无破损;

④ 检查蓄电池表面是否清洁,加液孔盖的通气孔是否通畅。

(2) 蓄电池电解液液面高度检查

蓄电池电解液液面高度检查可采用以下几种方法进行。

① 玻璃管测量法:用一空心玻璃管插入蓄电池电解液内极板的上平面处,用大拇指按紧玻璃管上端使管口密封,提起玻璃管,测量玻璃管内的液面高度,即为蓄电池电解液液面高出极板的高度。标准值为 10～15 mm,正常降低时应补充蒸馏水,使之达到标准值。

② 液面高度指示线法:通过观察液面高度指示线可以检查电解液的液面高度,对使用透明工程塑料容器的蓄电池,为检查液面高度,在容器壁上刻有两条高度指示线。正常液面高度介于两线之间,低于下线为液面过低,应加蒸馏水进行补充。

③ 加液孔观察判断法:在电解液加液孔内侧的标准液面位置处开有方视孔的蓄电池,可观察液面在方孔的位置来检视液面高度。当液面在方孔的下面时则液面过低;若液面正好与方孔齐平时液面高度为标准值;当液面满过方孔而充满加液口底部以上时为过多。

发现电解液液面高度低于标准值时,应及时补充蒸馏水。除确定液面降低是由电解液溅出所致之外,不允许补充硫酸溶液,因为电解液液面正常降低是由电解液中的蒸馏水被电解和蒸发所致。

(3) 负荷试验检测

负荷试验检测要求被测蓄电池存电 75% 以上。若电解液密度低于 1.22 g/cm^3,用万用表测得静止电动势低于 12.4 V,应先予以充电,再做测试。

① 高率放电计检测。高率放电计是模拟接入起动机负荷,测量蓄电池在大电流(接近起动机起动电流)放电时的端电压用以判断蓄电松弛的放电程度和起动能力。

a. 单格高率放电计检测:测量时将高率放电计的两触针紧压在蓄电池单格的正、负极柱上,观察放电计的电压值并做好记录。分别测量各个单格电池在大电流放电情况下的端电压,然后进行比较判断。性能好存电足的蓄电池各单格电池的端电压在 1.5 V 以上,并在 5 s 内电压基本稳定;如果各单格电池的电压低于 1.5 V,并在 5 s 内尚能稳定,说明蓄电池性能尚可,但存电不足,应进行补充充电;如果单格电压低于 1.5 V,并在 5 s 内电压迅速下降,说明蓄电池有故障;如果某单格电池电压指示过低甚至为零,则说明该单格电池内部有短路、断路或严重硫化等故障。负荷电压与放电程度的关系如表 2-1 所示,表中的电压数值上限适用于新的或容量较大的蓄电池,下限适用于一般蓄电池。

表 2-1　高率放电计测得单格电池电压与放电程度关系

单格电池电压(V)	放电程度(%Q_e)
1.7～1.8	0
1.6～1.7	25
1.5～1.6	50
1.4～1.5	75

b. 整体电池高率放电计检测:测量时用力将放电计触针刺入蓄电池正、负接线柱,保持 15 s,若蓄电池电压能保持在 9.6 V 以上,说明电池性能良好;若电压稳定在 10.6～11.6 V,说明蓄电池存电充足;若在测试过程中电压迅速下降,则表示蓄电池已损坏。

② 起动测试。在起动系正常的情况下,以起动机作为试验负荷。拔下电子燃油泵保险丝,将万用表置于电压挡,接在蓄电池正、负极上,接通起动机 15 s,读取电压表数值,对于 12 V 的蓄电池,应不低于 9.6 V。

5. 蓄电池的常见故障

(1) 蓄电池极板硫化

蓄电池极板硫化是指极板上的 $PbSO_4$ 变成了粗晶粒,这种粗晶粒坚硬且不易溶解,因而在正常充电时不易被还原成活性物质,并阻碍电解液与极板活性物质接触,从而造成蓄电池的容量下降、内阻增大而使起动性能下降。极板硫化是导致蓄电池性能不良和使用寿命缩短的最主要原因。

① 故障现象

蓄电池极板硫化后,除了容量和起动性能明显下降外,在充、放电时还会看到异常现象,如:放电时蓄电池端电压下降较快;充电时则电压上升快,温度升高也快,电解液会过早地出现大量气泡("沸腾");充电时电解液的密度上升缓慢,且达不到规定值;极板硫化严重时,可以通过加液孔看到极板上部有白色的霜状物。

② 处理措施

在蓄电池极板硫化还不严重时,可以通过去硫化充电法减弱或消除极板上的粗晶粒 $PbSO_4$,如果极板硫化严重则只能更换新的蓄电池。

(2) 蓄电池自放电

蓄电池每昼夜自行放电量大于 2% 额定容量的自放电属于故障性自放电。

① 故障现象

充足电的蓄电池停放几天或几小时后就呈现存电不足。自放电严重的蓄电池,充电时其端电压和电解液密度上升缓慢,用高率放电计测单格电池压降时,其端电压会迅速下降。

② 处理措施

可将蓄电池全放电或过度放电后将电解液全部倾出,再用蒸馏水冲洗壳体内部,然后加注电解液,并将蓄电池充足电。

(3) 蓄电池极板活性物质早期脱落

活性物质早期脱落是指因使用不当而造成蓄电池极板上的活性物质大量脱落。

① 故障现象

蓄电池极板活性物质大量脱落时,在充电过程中电解液会成为浑浊褐色溶液,充电电压也会上升过快,并且电解液也会过早出现"沸腾"现象,而其密度达不到规定的最大值;放电时电压下降过快,也会与蓄电池极板硫化一样,容量明显不足。

② 处理措施

活性物质脱落较少时,可以倾出全部电解液,用蒸馏水冲洗后重新加注电解液,充足电后继续使用。如果活性物质脱落过多则需更换极板组或报废蓄电池。

三、任务实施

(一) 实施方案

1. 质量要求

参照厂家的质量标准要求。

2. 组织方式

每四位同学一组,检修2007款卡罗拉1.6 L/AT车上的蓄电池,按照企业岗位操作规范进行作业。每组作业时间为90分钟。

3. 作业准备

(1) 技术要求与标准

- 拆卸蓄电池时,需拆卸蓄电池负极端子。
- 断开蓄电池负极电缆再重新连接端子后,要对驻车辅助监视系统进行初始化。

(2) 设备器材

设备器材如图2-9所示。

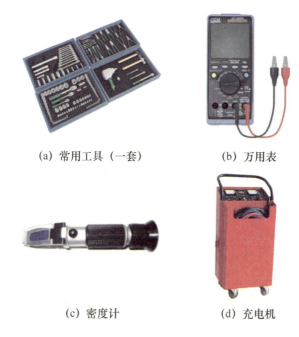

(a) 常用工具（一套）　　(b) 万用表

(c) 密度计　　(d) 充电机

图2-9　设备器材

(3) 场地设施:理实一体化教室、废气排放装置、消防设施等。

(4) 设备设施:2007款卡罗拉1.6 L/AT轿车、若干辆常用工具、工具车、零件车、标保工具车、垃圾桶等。

(5) 安全防护:车轮挡块、室内三件套等。

(6) 耗材:干净抹布。

(二) 操作步骤

1. 前期准备

关闭点火开关、灯光、空调等所有的用电设备。拉紧驻车制动手柄,换挡杆置于P挡,如图2-10所示。

> **注意事项**
>
> 确保关闭所有的用电设备。

图 2-10　换挡杆置于 P 挡

2. 检查蓄电池外观

（1）检查蓄电池外壳是否破裂或发生电解液渗漏现象，如图 2-11 所示。如有，则更换蓄电池。

图 2-11　检查蓄电池外壳

（2）检查蓄电池是否有腐蚀物，如有则用铜丝刷子清洁，直到裸露出金属。

（3）检查蓄电池电缆接头与极柱和连接导线有无松动，如图 2-12 所示。如有，应紧固或更换电缆接头。

图 2-12　检查蓄电池电缆接头

(4)清洁时用蘸有清污剂的清洁布,注意清洁时戴橡胶手套,如图 2-13 所示。

图 2-13 清洁蓄电池

3. 检查蓄电池电压

(1)检查蓄电池静态电压

① 打开万用表,选择直流电压 20 V 挡,如图 2-14 所示。

② 清洁正、负极柱顶端及正负极电缆接头。

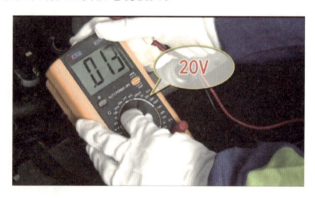

图 2-14 将万用表打至直流电压 20 V 挡

③ 将红黑表笔与蓄电池正、负极柱顶端连接,观察并记录电压读数(蓄电池正常电压值范围是 12~12.6 V),如图 2-15 所示。

图 2-15 连接万用表后观察记录电压读数

④ 将万用表开关置于OFF挡,并放回工具车上。

注意事项

测电压时,表笔要接触蓄电池的极柱上方,不能与正、负极电缆接头相连。确保关闭所有的用电设备。

(2) 检查蓄电池起动时电压

① 打开中央继电器盒盖,找到喷油器电源保险丝,使用保险丝拔取夹,拔下喷油器电源保险,如图2-16所示。

图2-16 拔掉喷油泵保险丝

② 选用万用表,将其直流电压调至20 V挡,将万用表红黑表笔分别与蓄电池正、负极柱顶端连接。将点火开关转至"START"位置,并保持在3~5 s内。

③ 读取万用表最低电压显示值,如图2-17所示。正常时,蓄电池电压应大于或等于9.6 V;否则,应用高率放电计或蓄电池性能检测仪进一步检查,以确定是否需要充电或更换蓄电池。

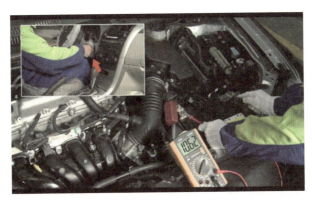

图2-17 检查蓄电池起动电压

注意事项

起动时间不超过10 s,再次起动测试时,要间隔15 s以上。

4. 检查蓄电池电解液

（1）检查电解液及液位

① 用手拧下加液孔盖，检查外观有无损坏，通气孔是否畅通，如图2-18所示。检查完后，将加液孔盖放置于工具车上。

图2-18　检查加液孔盖

② 观察电解液是否浑浊，如图2-19所示。如有，则需更换蓄电池。

图2-19　观察电解液

③ 检查电解液液位，如图2-20所示。正常情况下，电解液液位应在上下刻度线之间；如果电解液液位低于下限，则适当加注蒸馏水（天气寒冷时，添加蒸馏水后应立即充电以防结冰）。

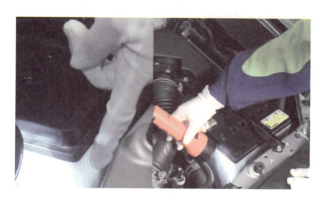

图2-20　检查电解液液位

注意事项

◇测量外壳不透明的蓄电池电解液液位时,用玻璃管吸取极板上方的电解液。观察液面高度,应在10～15 mm;如果电解液液位低于下限,则适当加注蒸馏水。

◇用玻璃管吸取电解液时,要防止电解液滴落。如有滴落,应立即用蘸有苏打水的清洁布清洁。

(2)检查电解液密度

① 清洁密度计棱镜表面,如图2-21所示。

图2-21 清洁密度计棱镜表面

② 在棱镜表面的中间位置滴一滴蒸馏水进行校零,如图2-22所示。

图2-22 在棱镜表面中间滴一滴蒸馏水进行校零

③ 先用纸,后用清洁布清洁密度计棱镜表面与盖板。用玻璃管从蓄电池一个单格中蘸少许电解液,滴在棱镜表面的中间位置,合上盖板轻轻按压,如图2-23所示。

图2-23 在棱镜表面中间滴一滴电解液

④ 将密度计对向明亮处，旋转目镜使视场内刻度线清晰，读出明暗分界线在标示板上相应标尺上的数值，如图 2-24 所示。读取数据并与标准数据进行对比，电解液密度测量标准如表 2-2 所示。

图 2-24　读取数据

表 2-2　电解液密度测量标准

检测内容	检测条件	标准数据
电解液密度	20 ℃	1.25～1.29 g/L

如果读数低于标准值，则电量不足，需要充电。

按照上述同样方法，测量其他单格的电解液密度。

注意事项

> 测量电解液密度时，防止电解液沾在皮肤和眼睛上，以防烧伤。如果沾上，应立即用苏打水洗净。

⑤ 测试完毕，清洁棱镜表面与盖板（先用纸巾，后用清洁布）。将仪器放还于包装盒内，放到工具车上，并将通风孔塞装回到蓄电池上并旋紧，如图 2-25 所示。

图 2-25　将密度计清洁后放回包装盒

（3）调整电解液密度

① 根据所测电解液密度情况进行调整。

- 若所有单格电解液密度值均低于标准值,则需添加电解液原液。
- 若所有单格电解液密度值均高于标准值,则需添加蒸馏水稀释。
- 若仅个别单格电解液密度不符合标准值,则视情况调节。

② 调整所有单格电解液液面高度一致,使电解液液位在上下刻度线之间或高于极板 10～15 mm。

③ 调整完后,将加液孔盖安装到蓄电池上并旋紧。

5. 检查蓄电池性能

(1) 将高率放电计的红色线夹夹持于蓄电池正接线柱上,将高率放电计的黑色线夹夹持于蓄电池负接线柱上,如图 2-26 所示。

图 2-26 将高率放电计的线夹夹持于蓄电池上

(2) 将按钮按下(时间不得超过 10 s,否则会烧坏高率放电计);待电压稳定,观察并记录读数,如图 2-27 所示。正常值在 10 V 以上,否则蓄电池亏电或蓄电池已损坏。

(3) 测试完毕后,将高率放电计线夹与蓄电池线柱分离。

图 2-27 读取电压数值

6. 蓄电池充电

(1) 蓄电池充电

蓄电池充电方法有:定流充电、定压充电和快速脉冲充电等。最常见的充电方法是定压充电。

① 将充电机的输出电缆线正、负极分别与蓄电池正、负接线柱相连,如图 2-28 所示。

图 2-28 连接电缆线

② 将充电机接在 220 V 的交流电源上,并选择合适的电压。确认充电电流调到最小值。

③ 打开充电机的电源开关,并选择合适的电流挡位和合适的充电时间,如图 2-29 所示。

图 2-29 打开充电机电源开关

注意事项

◇ 蓄电池充电时,附近不能有火花,禁止抽烟。
◇ 打开充电机的开关之前,要确定充电电流调到最小值。

④ 充电完毕,关闭充电机电源开关,分离充电机负极电缆与蓄电池负极接线柱。

(2) 蓄电池充电检测

① 用万用表测量蓄电池端电压是否上升至最大值,且 2~3 h 内不再下降。

② 观察电解液中是否产生大量气泡,呈沸腾状态。

③ 检查蓄电池电解液密度,记录检测数据。若所测电压值和电解液密度不在标准范围内,则蓄电池有故障,需检修。

7. 更换蓄电池

(1) 拆卸蓄电池

① 拧松蓄电池上方压板的固定螺母及螺栓,然后旋出压板外侧的固定螺栓。拧松压板内侧的固定螺母,将压板和钩形螺杆一同取下,如图 2-30 所示。

项目二　电源系统检修

图 2-30　旋出蓄电池压板外侧的固定螺栓

② 选用梅花扳手拧松蓄电池负极接线柱固定螺母，取下负极电缆，并放置于合适位置，如图 2-31 所示。按照同样的方法取下正极电缆。

图 2-31　断开蓄电池负极电缆

③ 取出蓄电池，放置于工作台上。

注意事项

拆卸蓄电池正负极电缆接头时，必须先拆负极接线柱。取下蓄电池时，要防止跌落，严禁在地上拖拽、翻转。

（2）安装蓄电池

① 检查蓄电池底座有无裂纹和破损。如有，应更换。

② 检查蓄电池支撑座有无腐蚀或变形，如图 2-32 所示。如果有，应清洁或修复。

图 2-32　检查蓄电池支撑座

③ 检查蓄电池型号是否正确。

④ 将蓄电池对正平放在底座的凹槽中,如图 2-33 所示。

图 2-33 将蓄电池放在底座的凹槽中

⑤ 将钩形螺杆与支撑座相连,如图 2-34 所示。将压板对正安装位置,旋入固定螺栓并拧紧固定螺母及螺栓。

图 2-34 将钩形螺杆与支撑座相连

⑥ 安装蓄电池正极电缆,并拧紧固定螺母确保安装牢固;装上蓄电池正极保护盖。安装蓄电池负极电缆,并确保安装牢固,如图 2-35 所示。

图 2-35 安装蓄电池电缆

⑦ 检查起动时蓄电池电压,如图 2-36 所示。

图 2-36　检查起动时蓄电池电压

(3) 复位
① 清洁作业所用工具以及设备,并将其归位。
② 拆除车辆防护三件套。
③ 收音机、时钟等设备复位。

四、任务小结

1. 蓄电池的结构

回顾图 2-1,认识蓄电池的结构。

2. 蓄电池的工作原理

蓄电池工作过程包括电离过程、充电过程和放电过程。蓄电池的充放电过程是由极板上的活性物质与电解液的电化学反应来实现的。

3. 蓄电池的功用

蓄电池具有供电功能、蓄电功能和稳压功能。

4. 蓄电池的性能检测

(1) 外观检查。
(2) 电解液液面高度检查。
(3) 负荷试验检测。

5. 蓄电池常见故障

(1) 极板硫化:由于蓄电池长时间亏电或电解液液面过低或小电流下长时间过放电导致极板上的 $PbSO_4$ 变成坚硬且不易溶解的粗晶粒,在充电时不易被还原成活性物质,造成蓄电池容量下降。

(2) 蓄电池自放电:由于蓄电池表面不洁净或隔板破裂或电解液不纯导致蓄电池漏电或正负极短路,造成蓄电池自放电。

(3) 蓄电池极板活性物质早期脱落:由于充电电流过大或长时间过充电或过度放电或极板组受颠簸太剧烈导致蓄电池活性物质脱落,造成电池容量下降。

五、任务评价

(一) 课堂练习

1. 判断题

(1) 汽车蓄电池能够缓和电气系统的冲击电压,保护电子元件。（　）

(2) 常用车辆的蓄电池,放电程度夏季达25%、冬季达50%时,应进行补充充电。（　）

(3) 用高率放电计检测整体蓄电池,测量时用力将放电计触针刺入蓄电池正负接线柱,保持15 s,若蓄电池电压能保持在9.6 V以上,说明蓄电池存电充足。（　）

(4) 极板硫化是极板上的$PbSO_4$变成了坚硬不易溶解的粗晶粒,在正常充电时不易被还原成活性物质。（　）

(5) 长时间小电流放电易造成活性物质脱落。（　）

2. 单选题

(1) 为了保护蓄电池,每次运转起动机的时间都不能超过（　）。

　　A. 3 s　　　　B. 5 s　　　　C. 8 s　　　　D. 10 s

(2) 导致蓄电池极板硫化的原因不可能是（　）。

　　A. 蓄电池长期亏电　　　　B. 电解液液面过低

　　C. 小电流下长时间过放电　　D. 蓄电池长时间过充电

(3) 下列能够说明蓄电池的性能不良的是（　）。

　　A. 通过观察蓄电池电解液液面高度发现,其液面高度介于两线之间。

　　B. 对蓄电池进行起动测试,读取电压表数值为9.8 V。

　　C. 用高率放电计检测蓄电池整体电压时,电压稳定在10.7～11.1 V。

　　D. 蓄电池充电后,测试电解液密度为1.20 g/cm^3。

(二) 技能评价

进行自我技能评价,完成表2-3。

表2-3 技能评价表

序号	内容	分值	得分
1	前期准备	10	
2	检查蓄电池外观	5	
3	检查蓄电池静态电压	10	
4	检查蓄电池起动电压	10	
5	检查电解液及液位	10	
6	检查电解液密度及调整电解液密度	15	
7	检查蓄电池性能	10	
8	蓄电池充电	10	
9	更换蓄电池	15	
10	项目检查	5	
	总分	100	

注:操作正确即得分,操作错误或未进行操作即0分。

学习任务 2　发电机检修

一、任务目标

1. 认知交流发电机的功用与结构组成。
2. 简单描述交流发电机的工作原理和整流原理。
3. 规范完成发电机的检查项目工作。
4. 在 30 分钟内完成发电机的更换工作。

二、知识准备

汽车上蓄电池的电能有限,在它放电以后必须及时进行充电,因此汽车上还必须装备充电系统。充电系统由发电机、调节器和充电状态指示装置组成。

1. 交流发电机的功用

汽车发电机在发动机的驱动下将机械能转变为电能,它是汽车主要的行车供电电源,如图 2-37 所示。作为行车主要的电源,其作用主要有:

(1) 当发动机在怠速以上转速运转时,为所有电气设备供电;
(2) 向蓄电池充电。

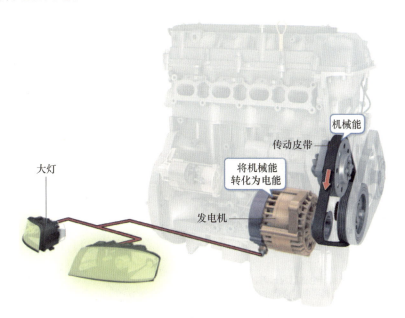

图 2-37　发电机的功用示意图

2. 发电机的结构

发电机可分为直流发电机和交流发电机,目前所有的汽车均采用交流发电机。

交流发电机主要由定子、转子、整流器、电刷、端盖及皮带轮等组成,如图 2-38 所示。

(1)转子主要由极芯、励磁绕组、电刷、滑环、转子轴和风扇等组成,它通过旋转在发电机中产生磁场。

(2)定子又称为电枢,它主要由定子铁芯和定子绕组(三相对称绕组)组成。定子产生交流电即相当于电源。

(3)整流器一般由 6 个硅二极管组成。整流器把定子绕组产生的三相交流。电整流后变成直流电输出,并阻止蓄电池通过发电机放电。

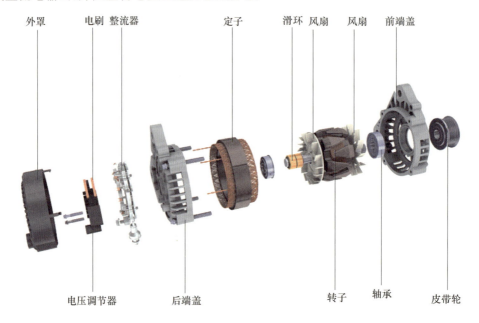

图 2-38　发电机的结构

3. 交流发电机的工作原理

当交流发电机的转子绕组中通入直流电时,产生磁场,转子在发动机的带动下旋转,定子绕组切割转子磁场感应三相交流电动势,如图 2-39 所示。

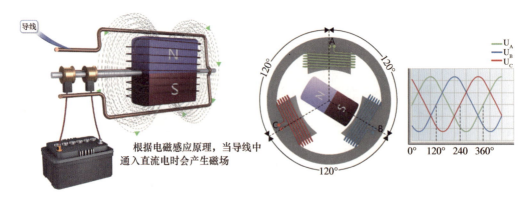

图 2-39　发电机工作原理

4. 交流发电机的整流原理

交流发电机以硅二极管为整流器,将交流电变成直流电。整流器中6个硅二极管分正、负二极管。任一瞬间,正二极管中哪一相绕组的电压最高(即正极电位最高),则与该相绕组相连的二极管导通。同时,负二极管中哪一相绕组的电压最低(即负极电位最低),则与该相绕组相连的二极管导通。如此不断循环,输出较平稳的脉冲直流电压。交流发电机组整流原理如图 2-40 所示。

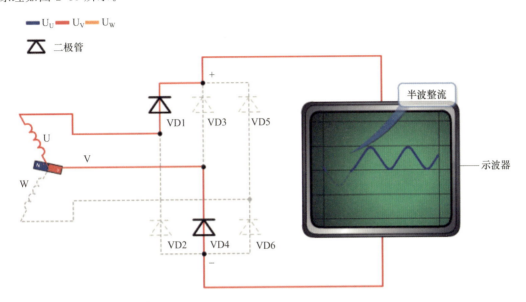

线路中装一只整流管时,只能让单一方向的电流通过,反方向则不能流过,称为半波整流;
线路中装两只整流管时,正反方向的电流都能利用,称为全波整流

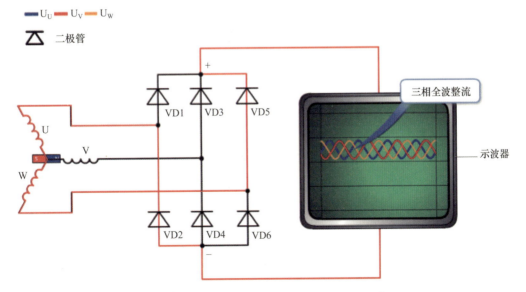

利用二极管的单向导电性,整流器将三相交流电转变为直流电。在任一瞬间,VD1、VD3、VD5中正极电位最高者导通,同时VD2、VD4、VD6中负极电位最低者导通,不断循环,在R两端得到较平稳的脉冲直流电压

图 2-40 交流发电机组整流原理示意图

5. 电压调节器功用及类型

电压调节器的作用是保持发电机在转速和负荷变化时输出电压稳定。交流发电机产生的电压会随发电机转速和负载的变化而变化，为使交流发电机以稳定电压输出供电，必须利用电压调节器控制输出电压。

电压调节器根据结构和工作原理分为触点式电压调节器和电子式电压调节器，如图 2-41 所示。

（1）触点式电压调节器又称为电磁振动式电压调节器，通过内部触点接通或断开磁场电路，来改变磁场电流大小。

（2）电子式电压调节器通过利用大功率三极管的导通或截止，接通或断开磁场电路来改变磁场电流大小。

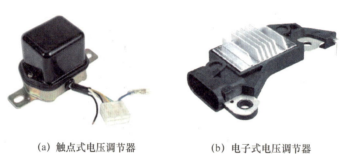

(a) 触点式电压调节器　　　　(b) 电子式电压调节器

图 2-41　电压调节器类型

6. 电子式电压调节器的工作原理

电子式电压调节器的工作原理如图 2-42 所示。当发电机输出电压较低时，稳压管处于截止状态，放大器三极管处于截止状态；开关三极管 VT_1 基极得到一个高电位信号，三极管 VT_1 导通，电流经三极管集电极—发射极到发电机励磁绕组，发电机开始发电，并对外输出；当输出电压升高到调节器电压调整值时，使得稳压管击穿而导通，放大器三极管因基极得到偏置电压而导通、开关三极管 VT_1 截止，切断了励磁电流，发电机因失去励磁电流而停止发电。此时作用在稳压管上的端电压下降，使得放大三极管截止、开关三极管 VT_1 导通，励磁绕组得到电流，发电机又开始发电。如此反复，使得发电机输出电压稳定在一个范围值。

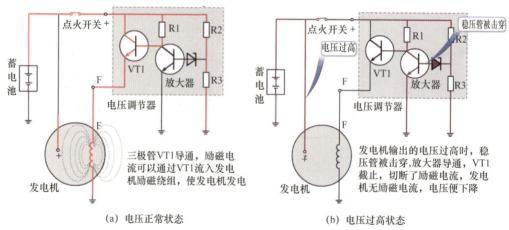

(a) 电压正常状态　　　　(b) 电压过高状态

图 2-42　电子式电压调节器工作原理

发电机若不发电,蓄电池电量有限,汽车很快就不能工作。当发现汽车发电机不发电或电量不足时,应首先判断故障是发生在外电路还是发电机内部。若初步确定故障在发电机内部,则应将发电机从车上拆下,对其进行检测、修理。

因此需先对发电机进行整机测试,判断发电机有无故障或故障发生在哪个部位,以便更有效地修理。

三、任务实施

(一) 实施方案

1. 质量要求

参照厂家的质量标准要求。

2. 组织方式

每四位同学一组,检修 2007 款卡罗拉 1.6 L/AT 车上的发电机,按照企业岗位操作规范进行作业。每组作业时间为 90 分钟。

3. 作业准备

(1) 技术要求与标准

• 使用万用表时,不要将红黑表笔接反。

• 断开连接器时,要规范操作,不能借用外力直接拔下。

(2) 设备器材

设备器材如图 2-43 所示。

(a) 常用工具(一套)　　(b) 万用表

图 2-43　设备器材

(3) 场地设施:理实一体化教室、废气排放装置、消防设施等。

(4) 设备设施:2007 款卡罗拉 1.6 L/AT 轿车、常用工具、工具车、零件车、标保工具车、垃圾桶等。

(5) 安全防护:车轮挡块、室内三件套等。

(6) 耗材:干净抹布。

（二）操作步骤

1. 检查发电机的充电电路

1.1 检测前准备

（1）使用万用表测量蓄电池电压是否在规定范围值内，如图2-44所示。

图2-44 使用万用表测量蓄电池电压

（2）检查组合皮带有无磨损、破裂或其他损伤痕迹。

（3）检查发动机连接线束是否松动。

（4）检查发电机充电电路。

① 将检测仪电源线连接至蓄电池，如图2-45所示。

图2-45 将检测仪电源线连接至蓄电池

② 连接检测线束，如图2-46所示。

图2-46 连接检测线束

③ 根据电流指示标记方向,将电流钳安装至发动机 B 端子电缆上,确保安装正确,如图 2-47 所示。

图 2-47　将电流钳安装至发动机电缆上

④ 将点火开关旋至 ON 挡位,确保各仪表指示灯均正常点亮。
⑤ 起动发动机,观察充电警告指示灯,确保其正常熄灭,如图 2-48 所示。

图 2-48　观察充电指示灯正常熄灭

1.2　检查不带负载的充电电路

(1) 操作仪器进入综合发动机分析仪,进入发电机检测,如图 2-49 所示。检查发电机低负荷的情况下,发电机充电电流及电压。

图 2-49　检测发电机充电电流及电压

(2) 逐渐提高发动机转速,保持转速 2 000 r/min。读取万用表数值,并与标准数据进行对比,如表 2-4 所示。

表2-4 发电机输出电压标准数据

检测内容	检测条件	标准数据
发电机输出电压	发动机转速2 000 r/min	13.2～14.8 V
		<10 A

若电流大于10 A,注意检查蓄电池是否亏电,应将电池充满后再测量。

若上述条件不符合要求,应及时更换发电机。

1.3 检查带负载的充电电路

打开远光前大灯,将鼓风机开关旋至高档位位置。逐渐提高发动机转速,保持转速2 000 r/min。读取万用表数值,并与标准数据进行对比,如表2-5所示。

表2-5 发电机输出电流标准数据

检测内容	检测条件	标准数据
发电机输出电流	发动机转速2 000 r/min	>30 A

若蓄电池已充满电,电流钳读数有时会小于30 A。

若以上条件都不符合,则应更换发电机。

> **注意事项**
>
> 此时还可以运行刮水器电动机、车窗除雾器等用电设备,增加电路负载,继续进行检查电流。

检测完成,退出系统,回收各检测线路。

2. 更换发电机总成

2.1 拆卸发电机总成

(1)选用扳手,拆卸蓄电池负极电缆。

(2)按下发电机线束连接器锁扣,分离连接器。

(3)拆卸发电机端子B固定螺母,断开端子B连接线束,如图2-50所示。

图2-50 拆卸发电机端子的固定螺母

(4)断开起动机线束固定卡扣。

(5)选用套筒棘轮扳手,拧松发电机上端固定螺栓,如图2-51所示。

图 2-51　拧松发电机上端固定螺栓

(6) 使用指针式扭力扳手,拧松发电机下端固定螺栓,如图 2-52 所示。

图 2-52　拧松发电机下端固定螺栓

(7) 逆时针旋转发电机调整螺栓,当组合皮带完全放松后,取下组合皮带,如图 2-53 所示。

图 2-53　取下组合皮带

(8) 依次拆卸发电机下端固定螺栓和上端固定螺栓。
(9) 从适当的方位和角度取下发电机总成。

2.2　更换发电机总成

(1) 安装发电机总成,确保安装到位。
(2) 扶稳发电机,对齐安装孔,旋入发电机下端固定螺栓,然后安装上端固定螺栓。

（3）将组合皮带安装到皮带轮上，检查并确认皮带是否从曲轴皮带轮过空调压缩机皮带轮底部滑脱，如图 2-54 所示。

图 2-54　将组合皮带安装到皮带轮上

> **注意事项**
>
> 检查并确认皮带是否正确地安装到楔形槽中。

（4）旋入上、下两端固定螺栓，顺时针旋转发电机调整螺栓，使组合皮带逐渐收紧。当组合皮带收紧至固定张紧度时，旋紧上下两端固定螺栓。

> **注意事项**
>
> 新皮带张紧度为 637～735 N；使用过的皮带张紧度为 392～588 N。

（5）使用指针式扭力扳手，将上端固定螺栓紧固至规定力矩，标准紧固力矩为 19 N·m。以同样方法紧固下端固定螺栓，标准紧固力矩为 43 N·m。

（6）参照拆卸时的操作，完成余下的步骤。

> **注意事项**
>
> 发电机端子 B 固定螺母，标准紧固力矩为 9.8 N·m。

四、任务小结

1. 汽车发电机在发动机的驱动下将机械能转变为电能，它是汽车的主要行车供电电源。发电机在汽车行驶过程中为所有用电设备供电，并为蓄电池充电。

2. 交流发电机主要由定子、转子、整流器、电刷、端盖及皮带轮等组成。

3. 发电机的工作原理：当发电机的转子绕组中通入直流电时，产生磁场，转子在发动机的带动下旋转，定子绕组切割转子磁场感应三相交流电动势。

4. 检查与更换发电机操作步骤：

（1）检查发电机外围；

（2）检查发电机充电电路；

（3）检查发动机各部件；

（4）更换发电机。

五、任务评价

（一）课堂练习

1. 判断题

(1) 汽车正常运行时，向用电器供电的是发电机。　　　　　　　　　　　（　　）

(2) 硅整流器的二极管可用普通整流二极管代替。　　　　　　　　　　（　　）

(3) 硅整流发电机和直流发电机可以互换使用。　　　　　　　　　　　（　　）

(4) 中性点接线柱与定子绕组中心相连。　　　　　　　　　　　　　　（　　）

2. 单选题

(1) 交流发电机的磁场绕组安装在（　　）上。

　　A. 定子　　　　B. 转子　　　　C. 电枢　　　　D. 整流器

(2) 交流发电机自身具有限制（　　）以防过载的能力。

　　A. 阻值变化　　B. 输出电压　　C. 输出电流

（二）技能评价

进行自我技能评价，完成表2-6。

表2-6　技能评价表

序号	内容	分值	得分
1	检测前准备	10	
2	检查不带负载的充电电路	15	
3	检查带负载的充电电路	15	
4	拆卸发电机总成	20	
5	更换发电机总成	20	
6	检查发动机运行异响情况	20	
	总分	100	

注：操作正确即得分，操作错误或未进行操作即0分。

学习任务3　电源系统电路检修

一、任务目标

1. 描述电源系统电路组成。
2. 掌握电源主供电电路、发电机励磁电路、充电指示灯控制电路的工作原理。
3. 在30分钟内完成充电电路的检查。

二、知识准备

汽车电源系统一般由蓄电池、发电机、调节器、电源状态指示装置及继电器等组成，其作用是向全车用电设备提供低压直流电能。

1. 电源系统电路的组成

汽车电源系统电路主要由三部分组成：电源主供电电路、发电机励磁电路及充电指示灯控制电路。电源主供电电路包括蓄电池和发电机正常发电后经输出端子对全车电气设备供电电路；发电机励磁电路是维持发电机磁场绕组产生电磁场的供电电路，包括他励和自励两种励磁方式。充电指示灯控制电路包括采用发电机中性点 N 输出电压控制、利用二极管直接控制及发电机磁场二极管进行控制三种方式。

2. 汽车电源主供电电路

（1）在起动发动机期间，蓄电池向起动系、点火系、电子燃油喷射系统等其他用电设备供电，同时还向交流发电机提供励磁电流。

（2）当发动机中高速运转（发电机端电压高于蓄电池电压，而蓄电池又存电不足）时，由发电机向全车用电设备供电，其电流的走向是：发电机输出端子"＋"→点火开关→用电设备→搭铁→"－"。

（3）当发电机停转或怠速运转（发电机端电压低于蓄电池电压）时，由蓄电池向用电设备供电。

（4）当出现用电需求大于电源系统输出（即发电机超载）时，由蓄电池协助发电机供电。

3. 汽车发电机励磁电路

发电机的励磁电路根据其控制方式的不同可分为调节控制和微机控制两种。

（1）调节器控制励磁电路

给交流发电机转子绕组供电使之产生磁场，称为励磁，励磁有他励和自励两种方式。调节器控制励磁过程是先他励后自励。由蓄电池供给磁场电流而发电的方式称为他励发电，如图 2-55 所示。发电机转速较低时，自身不能发电，需蓄电池供给发电机励磁绕组电流，他励绕组产生磁场来发电。他励励磁电流的走向为：蓄电池"＋"→点火开关→调节器→发电机 F→励磁绕组→搭铁→"－"。

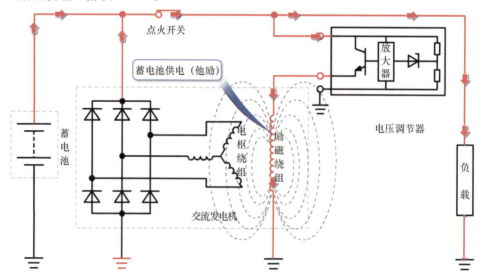

图 2-55 他励发电示意图

随着转速的提高（一般在发动机转速达到怠速时），发电机定子绕组的电动势逐渐升高并能使整流器二极管导通。当发电机的输出电压大于蓄电池电压时，发电机就能对外供电了。当发电机能够对外供电时，就可以将自身发的电供给励磁绕组，这种自身供给磁场电流发电的方式称为自励发电，如图 2-56 所示。自励励磁电流的走向为：发电机"＋"→点火开关→调节器→发电机 F→励磁绕组→搭铁→"－"。

不同的汽车励磁电路各不相同，但有一个共同特点是，励磁电路都必须由点火开关控制。

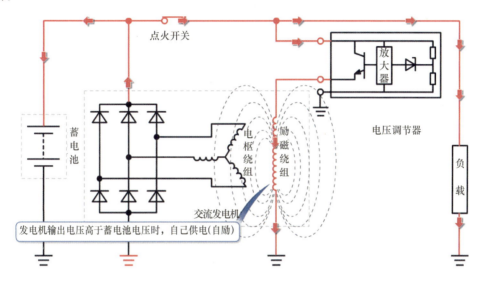

图 2-56　自励发电示意图

（2）微机控制器控制励磁电路

微机控制的交流发电机其输出电压由微机进行控制，不但限制发电机最高电压，而且还可以避免怠速时发电机电压过低。交流发电机由点火开关、自动切断继电器和电子控制单元 ECU 共同控制。如图 2-57 所示，发电机励磁绕组的一端 B 接自动切断继电器（即 ASD 继电器）的常开触点 87，由自动切断继电器控制实现与电源正极的连接与断开；励磁绕组的另一端 C 接电子控制单元 ECU，由 ECU 控制搭铁。点火开关不是直接串联在励磁电路中控制励磁电路，而是与 ASD 继电器的线圈串联，通过 ASD 继电器间接控制励磁电路。发电机的输出端 A 与蓄电池正极及 ECU 均相连。ECU 上与电源系有关的连接点有 5 个：3 个检测点和 2 个控制点。3 个检测点分别是：蓄电池电压检测点 3，ASD 检测点 57 和发动机转速检测点（图中未画出）。2 个控制点分别是：ASD 继电器控制点 51 和发电机励磁控制点 20。

各检测点和控制点的作用如下。

① 蓄电池电压检测点。蓄电池或发电机通过蓄电池电压检测点 3 为 ECU 供电，即使在点火开关断开时，蓄电池仍直接通过蓄电池电压检测点 3 向 ECU 中的存储器等供电，以免存储器中存储的故障码和发动机运行数据丢失。此外，蓄电池电压检测点 3 的信号还有如下作用。

a. 在发动机工作时，该信号可以表明发电机有无输出电压，并检测电源电压过高或过低故障。

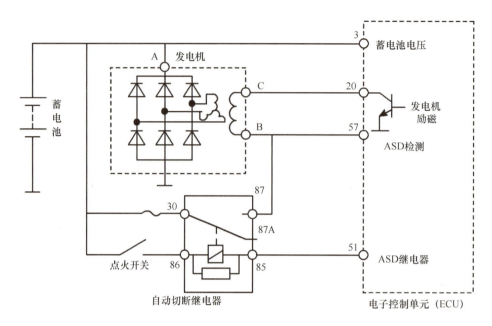

图 2-57 微机控制电磁电路图

b. ECU 根据该信号电压的高低调节发电机的励磁电流,使发电机的输出电压保持在规定值,起到调节器的作用;在发动机怠速运转时,ECU 根据该信号电压的高低,通过控制发动机的怠速转速,调节电流量,以免怠速时蓄电池放电,这是调节器无法实现的。

c. 根据该信号电压的高低,ECU 对喷油器脉冲宽度和点火闭合角进行修正。

② ASD 检测点。利用 ASD 检测点 57,ECU 检测自动切断继电器电路工作是否正常。

③ 发动机转速检测点。它是 ECU 控制燃油喷射和点火系统的主要依据之一,通过该信号 ECU 还控制自动切断继电器的工作和发动机的怠速,也可以控制发电机励磁电路通断。

④ ASD 继电器控制点。通过 ASD 继电器控制点 51,ECU 控制自动切断继电器工作。当点火开关置于"ON"或"STA"位置时,ECU 使 ASD 继电器线圈搭铁的同时,检测发动机转速信号。如果发动机不转,ECU 将切断 ASD 继电器控制点 51 的搭铁,使通过该点搭铁的自动切断继电器和燃油泵继电器停止工作,切断点火线圈、喷油器、燃油泵和励磁绕组的电源电路。

⑤ 发电机励磁控制点。通过发电机励磁控制点 20,ECU 控制发电机励磁绕组的搭铁。当点火开关置于"ON"或"STA"位置时,ECU 控制发电机励磁绕组搭铁的同时,检测发动机转速信号。如果 ECU 在 3 秒内未接收到发动机转速信号(即发动机不转),ECU 将切断励磁绕组电路;一旦 ECU 接收到发动机转速信号(发动机运转),马上根据蓄电池电压的高低接通或切断励磁绕组搭铁电路。

4. 充电指示灯控制电路

控制充电指示灯的常用方法有以下三种:

① 利用交流发电机中性点电压,通过继电器或电子控制器进行控制;

② 利用二极管进行控制;

③ 利用发电机磁场二极管进行控制。

带有集成电路调节器的整体式交流发电机与外部(蓄电池、线束)连接端子通常用 B+、IG、L、S 和 E 等符号表示,这些符号通常在发电机端盖上标出,其代表含义如下:

B+（或+B、BATT）为发电机输出端子，用一根粗导线连接至蓄电池正极或起动机上。
IG 通过线束连接至点火开关，在有的发电机上无此端子。
L 为充电指示灯连接端子，通过线束接充电指示灯或电源指示继电器。
S(或 R)为调节器的电压检测端子，通过导线直接连接蓄电池的正极。
E（或—）为发电机和调节器的搭铁端子。

（1）利用中性点电压通过继电器控制充电指示灯，其电路图如图 2-58 所示。利用发电机三相绕组的中性点电压控制指示灯亮、灭，指示发电机的工作情况。

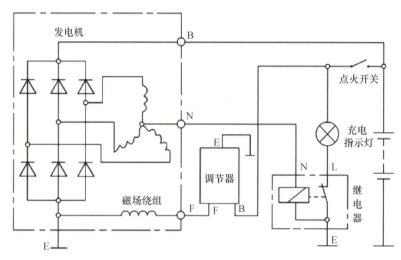

图 2-58 中性点电压控制充电指示灯电路

① 未起动发动机时，发电机不发电，中性点未输出电压，蓄电池电压经蓄电池"+"→点火开关→充电指示灯→继电器 L 接线柱→继电器触点→搭铁→蓄电池"—"，指示灯亮，指示发电机不发电。

② 发电机正常运转后，发电机发电，中性点输出电压，经发电机中性点接线柱 N→继电器 N 接线柱→继电器线圈→搭铁。线圈通电产生吸力，将继电器触点断开，充电指示灯无搭铁回路，灯熄灭，指示发电机工作正常。

（2）利用二极管进行控制，其电路图如图 2-59 所示。利用二极管控制指示灯的亮、灭，指示发电机的工作情况。

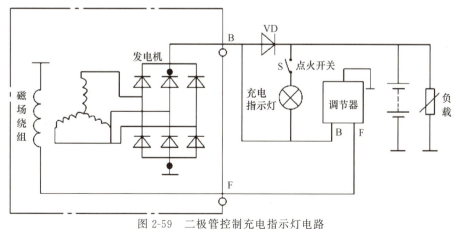

图 2-59 二极管控制充电指示灯电路

接通点火开关,电流经蓄电池"＋"→点火开关→充电指示灯→调节器"B"→调节器"F"→励磁绕组→搭铁→蓄电池"－"。构成回路,充电指示灯亮,指示发电机不发电。发动机起动后,发电机电压高于蓄电池电压时,二极管导通,充电指示灯被二极管短路,不亮。

(3) 利用发电机磁场二极管控制充电指示灯,其电路图如图 2-60 所示。该电压控制充电指示灯的特点是:具有 3 只磁场二极管(发电机为 9 管或 11 管)的发电机中性点 N 端不引出线,而且配用电子调节器。利用发电机中 3 只小功率磁场二极管输出电压与蓄电池的电压差来控制充电指示灯,使充电指示灯熄灭,表示发电机发电,并同时进行励磁。

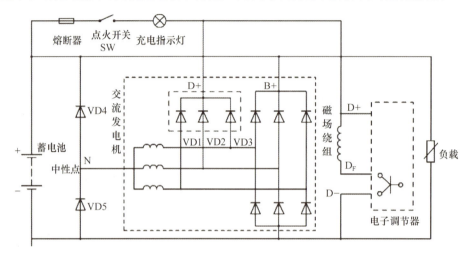

图 2-60　二极管控制充电指示灯电路

接通点火开关,发电机未运转或系统故障时,电流从蓄电池"＋"→熔断器→点火开关→充电指示灯→电子调节器 D+端、发电机磁场绕组→电子调节器 D_F 端→调节器内一级开关三极管→调节器 D－端→搭铁→蓄电池"－"极,这时充电指示灯在蓄电池电压的作用下点亮,表示发电机不发电。同时,发电机磁场绕组的励磁电流经调节器后构成回路,开始给磁场组励磁。

当发电机运转并达到一定的转速时,发电机的电枢 B+端向蓄电池充电,并且向汽车上其他用电设备供电。这时 3 只小功率励磁二极管(VD1、VD2、VD3)也输出电压,加在充电指示灯右端,与充电指示灯左端的蓄电池电压形成等电压,充电指示灯熄灭,表示发电机发电。与此同时,二极管(VD1、VD2、VD3)也给磁场绕组提供励磁电流,即磁场绕组的励磁方式由原来的他励变为自励。

5. 汽车电源系统电路常见故障

汽车电源系统的常见故障主要有不发电、电源电流过小和电源电流过大等故障,如表 2-7 所示。

表 2-7　汽车电源系统故障征兆表

故障现象	可能故障部位	排除方法
不发电(汽车行驶时,充电指示灯亮)	1. 熔断丝	检查或更换
	2. 调节器	检查或更换
	3. 发电机	检查或更换
	4. 线束(导线连接处)	检修

续表

故障现象	可能故障部位	排除方法
充电电流过小（蓄电池经常存电不足、灯光暗淡、喇叭沙哑）	1. 调节器 2. 发电机 3. 线束（导线连接处）	检查或更换 检查或更换 检修
充电电流过大（蓄电池电解液消耗过快、灯泡易烧损）	调节器	检查或更换

三、任务实施

（一）实施方案

1. 质量要求

参照厂家的质量标准要求。

2. 组织方式

每四位同学一组，检修 2007 款卡罗拉 1.6 L/AT 车上的电源系统，按照企业岗位操作规范进行作业。每组作业时间为 30 分钟。

3. 作业准备

（1）技术要求与标准

- 使用万用表时，不要将红黑表笔接反。
- 发动机运转时，检修作业要保持安全距离。

（2）设备器材

设备器材如图 2-61 所示。

（3）场地设施：理实一体化教室、废气排放装置、消防设施等。

（4）设备设施：2007 款卡罗拉 1.6 L/AT 轿车、常用工具、工具车、零件车、标保工具车、垃圾桶等。

（5）安全防护：车轮挡块、室内三件套等。

（6）耗材：干净抹布。

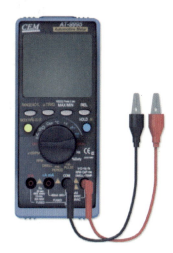

图 2-61　设备器材：万用表

（二）操作步骤

1. 连接万用表

（1）将万用表正极引线连接至蓄电池的正极端子，负极引线搭铁。

（2）将电流钳红表笔连接至万用表的 VΩ 插孔，黑表笔连接至 COM 插孔，量程至于 200 mV 挡。将电流钳钳口套在发电机 B 端子电缆上，如图 2-62 所示。

> **注意事项**
>
> 万用表的表笔极性应与蓄电池的接线柱极性相一致。万用表在使用前必须要校零，电流钳钳口应处于闭合状态。

图 2-62 连接万用表

2. 检查充电电压和充电电流

(1) 检查发电机输出电压

起动发动机,逐渐升高发动机转速并将转速保持在 2 000 r/min,如图 2-63 所示。读取万用表数值,并与表 2-8 的发电机输出电压标准数据进行对比。

图 2-63 检查发电机输出电压

表 2-8 发电机输出电压标准数据

检测内容	检测条件	标准数据
发电机输出电压	发动机转速 2 000 r/min	13.2～14.8 V
		<10 A

若电流大于 10 A,注意检查蓄电池是否亏电,应将电池充满后再测量。

若上述条件不符合要求,应及时更换发电机。

(2) 检查发电机输出电流

继续保持发动机转速 2 000 r/min,打开远光前大灯并将加热器鼓风机开关转至 HI 位置,如图 2-64 所示。读取万用表数值,并与表 2-9 的发电机输出电流标准数据进行对比。

表 2-9 发电机输出电流标准数据

检测内容	检测条件	标准数据
发电机输出电流	发动机转速 2 000 r/min	>30 A

图 2-64 检查发电机输出电流

如果蓄电池电流读数小于 30 A,则运行刮水器电动机和车窗除雾器以增加负载,然后再查充电电路。若输出电流仍达不到 30 A,则继续打开其他用电设备以增加负荷使之超过 30 A。

若以上条件都不符合,则应更换发电机。

四、任务小结

1. 电源系统电路组成

(1) 电源主供电电路

(2) 发电机励磁电路

(3) 充电指示灯控制电路

2. 汽车电源主供电电路

(1) 蓄电池供电:发动机起动时,蓄电池向全车供电;当发电机端电压低于蓄电池电压时,蓄电池向用电设备供电;当发电机出现超载时,蓄电池协助供电。

(2) 发电机供电:发电机中高速运转(发电机端电压高于蓄电池)时,发电机向全车用电设备供电。

3. 汽车发电机励磁电路

(1) 调节器控制励磁电路:他励电路、自励电路。

(2) 微机控制励磁电路。

4. 充电指示灯控制电路

(1) 利用交流发电机中性点电压,通过继电器或电子控制器进行控制。

(2) 利用二极管进行控制。

(3) 利用发电机磁场二极管进行控制。

5. 汽车电源系统电路常见故障

汽车电源系统的常见故障主要有不发电、电源电流过小和电源电流过大等故障。

五、任务评价

(一) 课堂练习

1. 判断题

(1) 汽车电源系统电路主要由三部分组成:电源主供电电路、发电机励磁电路及充电指

示灯控制电路。（　　）

(2) 当发动机中高速运转时,只有发电机向全车用电设备供电。（　　）

(3) 发电机转速较低时,自身不能发电,需蓄电池供给发电机励磁绕组电流。（　　）

(4) 起动发动机,充电指示灯亮,说明发电机发电正常。（　　）

2. 单选题

(1) 下列关于调节器控制励磁电路的说法,不正确的是(　　)。

　　A. 调节器控制励磁过程是先他励后自励

　　B. 使发电机的输出电压保持在规定值

　　C. 当发电机能够对外供电时,就可以将自身发的电供给励磁绕组

　　D. 调节器能够调节电流量,以免怠速时蓄电池放电

(2) 汽车行驶过程中,充电指示灯亮,原因是(　　)。

　　A. 保险丝熔断　　　　　　　　B. 调节器故障

　　C. 发电机与蓄电池间线束连接不良　　D. 以上三项都有可能

(二) 技能评价

进行自我技能评价,完成表2-10。

表2-10　技能评价表

序号	内容	分值	得分
1	连接万用表	20	
2	检查发电机输出电压	40	
3	检查发电机输出电流	40	
	总分	100	

注:操作正确即得分,操作错误或未进行操作即0分。

项目三 起动机系统检修

项目描述

王小姐的2007款卡罗拉1.6 L自动GL轿车无法启动,被送到了4S店检修,维修人员将点火钥匙旋至START挡,车辆无任何反应,听不到起动机声音。几次试验,均如此。初步判断起动系统出现故障。

本任务通过对汽车起动系统的常见故障进行诊断,掌握起动系统的检修方法,并最终能解决客户所反映的问题。

学习目标

1. 掌握起动机故障诊断和检查方法。
2. 熟练完成起动电路的检修。
3. 根据工艺流程标准,选用正确的工具对起动系统进行故障检修。

项目任务

学习任务1　起动机检修
学习任务2　起动系统电路检修

学习任务1　起动机检修

一、任务目标

1. 认知起动机的结构和组成。
2. 理解起动机的工作过程。
3. 了解起动机常见的故障现象。
4. 掌握起动机的检修方法。
5. 根据维修作业标准完成起动机的检修。

二、知识准备

起动机又称为马达,它将蓄电池的电能转化为机械能,驱动发动机飞轮旋转实现发动机的起动。

1. 起动机的功用

起动机是起动系统中的核心部件,如图3-1所示,它将蓄电池的电能转化为机械能,驱动发动机飞轮旋转实现发动机的起动。

图3-1 起动机

2. 起动机的组成

起动机主要由直流串励式电动机、传动机构和控制装置三部分组成,如图3-2所示。

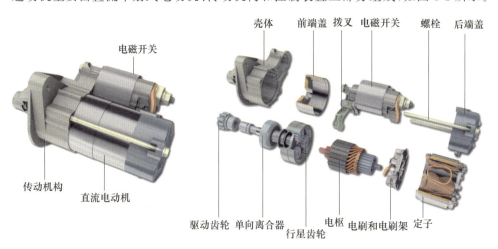

图3-2 起动机的组成

起动机的常见类型有普通起动机和减速起动机,如图3-3所示。减速式起动机采用高速、小型、低转矩的电动机,在减速机构中有减速装置,可以增大输出扭矩,其质量和体积比普通起动机减小30%～35%。

项目三　起动机系统检修

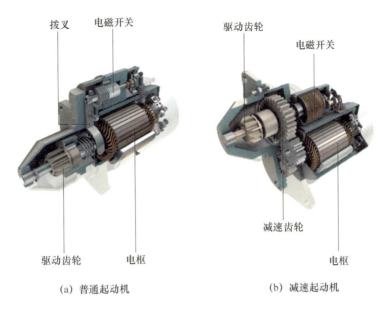

(a) 普通起动机　　(b) 减速起动机

图 3-3　起动机常见类型

2.1　直流串励式电动机

直流串励式电动机负责将蓄电池提供的直流电能转变为机械能,产生转矩起动发动机。它主要由电枢、定子、端壳、机壳、电刷及电刷架等部件组成,串励式是指电枢绕组与磁场绕组串联。

(1) 电枢又称为转子,它的作用是产生电磁转矩,主要由电枢绕组、铁芯、换向器及电枢轴等组成,如图 3-4 所示。

① 电枢绕组是由较粗的矩形截面的裸铜线绕制而成。为了防止裸铜线绕组之间短路,在铜线与铁芯、铜线与铜线之间用绝缘纸隔开,并在槽口将铁芯轧纹挤紧。电枢绕组端头均焊在换向片上。

② 换向器压装在电枢轴上,它的作用是将励磁绕组的电流连接到电枢线圈,并保证电枢产生的扭转力矩方向,使电枢轴能输出固定方向的转矩。换向器由许多换向片组成,换向片与换向片之间采用云母绝缘。

图 3-4　电枢(转子)

③ 电枢轴用于固定铁芯及换向器,并且伸出一定长度的花键轴和阶梯轴,用于套装传动机构。

(2) 定子又称为磁极,它的作用是产生电动机的磁场,主要由磁极铁芯和励磁绕组两部分组成。

(3) 电刷由铜粉和石墨粉压制而成,一般有 4 个电刷固定在电刷架上。2 个电刷为绝缘电刷,与电刷架绝缘;另 2 个电刷架为搭铁电刷,与电刷架直接搭铁。电刷的作用是将电流从励磁绕组引入电枢绕组。

电刷架上装有弹力较大的盘形弹簧,电刷借助电刷弹簧的压力将其压紧在换向器上。

2.2 传动机构

传动机构由单向离合器、拨叉等组成。传动机构主要作用是起动时将电动机产生的转矩传递给发动机,起动后自动打滑,保护起动机电枢不致飞散。

常见的单向离合器有滚柱式单向离合器、摩擦片式单向离合器、弹簧式单向离合器。目前轿车和中轻型汽车上普遍使用滚柱式单向离合器。

滚柱式单向离合器主要由外壳、驱动齿轮、弹簧帽、滚柱、滚柱弹簧、内花键套筒、弹簧、拨环等组成,如图3-5所示。

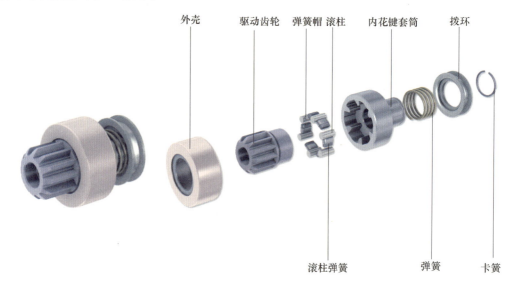

图3-5 滚柱式单向离合器结构

在滚柱式单向离合器外壳转速快于花键套筒时,滚柱滚入楔形槽窄端,花键套筒与外壳卡紧,两者间能传递力矩;当花键套筒转速快于离合器外壳时,滚柱滚入楔形槽宽端,花键套筒与外壳打滑,两者间便不能传递力矩。滚柱式单向离合器的工作原理如图3-6所示。

图3-6 滚柱式单向离合器工作原理

2.3 控制装置

常用的控制装置主要有机械式和电磁式。现代的汽车上,起动机一般采用电磁式控制装置,它的作用是控制电路的通断及驱动齿轮与飞轮齿圈的啮合与分离。

控制装置又称为操纵机构,电磁式控制装置主要由电磁开关和拨叉等组成。

（1）电磁开关的结构

电磁开关前端的胶木盖上有 2 个主接线柱，在外部分别连接蓄电池和电动机。2 个接线柱伸入电磁开关内部的部分为触点。电磁开关的另一端有铜套，上面绕着吸引线圈和保持线圈，两线圈的公共端引出一个接起动开关或起动继电器的"起动机"接线柱，吸引线圈的另一端接电动机主接线柱，保持线圈的另一端直接搭铁。铜套内有活动铁芯与拨叉通过拉杆相连，电磁开关内的弹簧用来保证接触片和活动铁芯的回位。电磁开关的结构如图 3-7 所示。

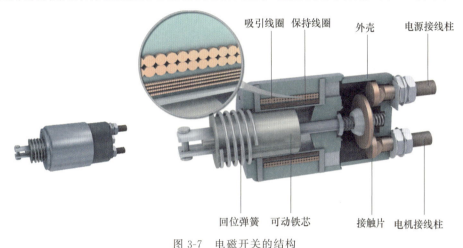

图 3-7　电磁开关的结构

（2）电磁开关的工作原理

起动瞬间：当点火开关置于"START"位置时，接通吸引线圈和保持线圈电路。此时吸引线圈和保持线圈产生的磁场方向相同，活动铁芯在电磁力的作用下克服弹簧的作用被吸入，同时带动拨叉将驱动齿轮推出，使驱动齿轮与发动机飞轮齿圈啮合。在它们完全啮合时，接触片与各触点接触，将电动机主电路接通，电动机产生转矩带动发动机曲轴运转。电磁开关起动瞬间的工作状态如图 3-8 所示。

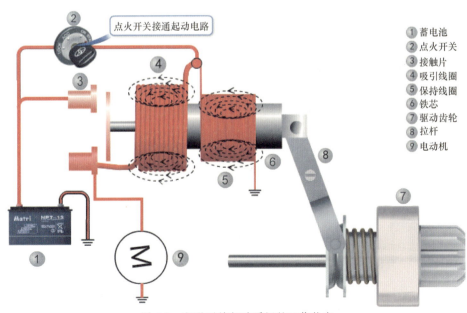

图 3-8　电磁开关起动瞬间的工作状态

起动过程:主电路接通后,接触片将吸引线圈断路,而保持线圈仍有电流,且回路不变。此时在保持线圈的作用下,电磁开关仍保持在吸合位置上,起动机继续通电运转。电磁开关起动过程的工作状态如图 3-9 所示。

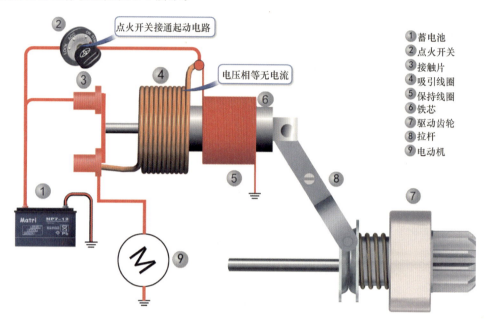

图 3-9　电磁开关起动过程的工作状态

起动后:点火开关回到"ON"位置,吸引线圈和保持线圈中的电流方向相反,所以吸引线圈和保持线圈产生的磁场方向相反而相互抵消。活动铁芯在复位弹簧的作用下退回原位。接触片退回时切断了起动机的主电路,拨叉将处于打滑状态的离合器拨回原位,齿轮脱离啮合,起动机停止工作。

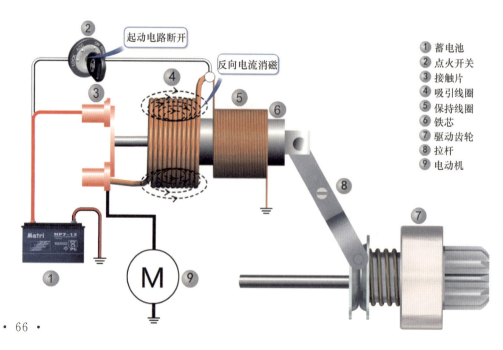

图 3-10　电磁开关起动后的工作状态

3. 起动机常见的故障现象

起动机是短时间断续工作的电器设备,且工作电流很大。每次连续工作不能超过 5 秒,重复起动时应停歇 15 秒。冬季和低温地区冷车启动时,应先使发动机预热后再使用起动机。起动机在连续几次起动不着时,不可继续启动,这时应对起动机、蓄电池以及连接线分别进行检查,找出其故障并予以排除,然后方可继续使用起动机。

起动机常见的故障现象及原因分析如下。

(1)接通起动开关后,起动机高速旋转而发动机曲轴无反应。这种现象表明故障发生在起动机的传动机构上,这有可能是传动齿轮或单向离合器磨损造成的。

(2)起动机无法正常工作,驱动齿轮不转。引发这种现象的原因很多,例如电源线出现问题、起动开关接触盘烧蚀以及发动机阻力过大等。

(3)起动机动力输出不足,无法带动曲轴。励磁线圈短路和蓄电池亏电均可引发起动机动力不足。

(4)起动机运转声音刺耳。这有可能是单向离合器卡死或起动机安装不当造成的。

(5)起动机开关时有"嗒嗒"的声音,但是不工作。保持线圈断线或蓄电池严重亏电会导致这种现象。

三、任务实施

(一)实施方案

1. 质量要求

参照厂家的质量标准要求。

2. 组织方式

每四位同学一组,检修 2007 款卡罗拉 1.6 L 自动 GL 轿车上的起动机,按照企业岗位操作规范进行作业。每组作业时间为 90 分钟。

3. 作业准备

(1)技术要求与标准
- 起动发动机后不要将点火开关转至 START 位置,这样会损坏起动机。
- 用蓄电池测试电磁开关和起动机时,检查时间不宜过长。

(2)设备器材

设备器材如图 3-11 所示。

(3)场地设施:理实一体化教室、废气排放装置、消防设施等。

(4)设备设施:2007 款卡罗拉 1.6 L/AT 轿车、常用工具、工具车、零件车、标保工具车、垃圾桶等。

(5)安全防护:车轮挡块、室内三件套等。

(6)耗材:干净抹布。

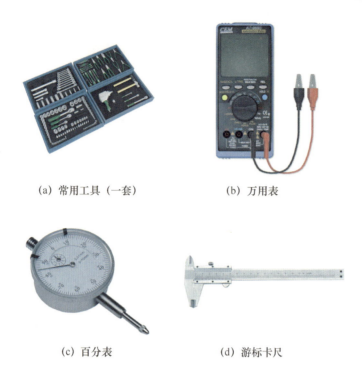

(a) 常用工具（一套）　　(b) 万用表

(c) 百分表　　(d) 游标卡尺

图 3-11　设备器材

(二) 操作步骤

1. 拆卸起动机

(1) 断开蓄电池负极电缆，如图 3-12 所示。

图 3-12　断开蓄电池负极电荷

(2) 拆卸散热器上空气导流板。
(3) 分离线束卡夹，拆下发动机上部固定螺栓。
(4) 断开线束连接器，拆下端子盖，如图 3-13 所示。
(5) 拆下起动机端子 30 固定螺母，并断开端子 30。
(6) 拆下起动机下部固定螺栓并取下起动机总成。

项目三　起动机系统检修

图 3-13　拆下端子盖

图 3-14　拆下起动机下部固定螺栓

2. 检查起动机总成

2.1　起动机牵引测试

（1）从起动机端子断开励磁线圈引线。

（2）将蓄电池连接至励磁起动机开关,如图 3-15 所示,检查并确认小齿轮向外移动。若离合器小齿轮未移动,则更换磁力起动机开关总成。

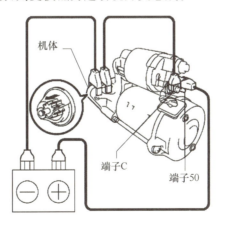

图 3-15　将蓄电池连接至励磁起动机开关

· 69 ·

2.2 起动机保持测试

(1) 从起动机端子断开电缆,如图 3-16 所示,检查并确认小齿轮没有朝内回位。

(2) 将蓄电池连接至励磁起动机开关,检查并确认小齿轮向外移动。

若离合器小齿轮未移动,则更换磁力起动机开关总成。

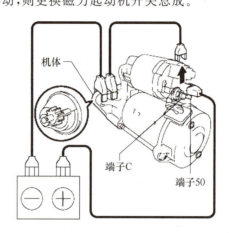

图 3-16 从起动机端孔断开电缆

2.3 起动机无负载操作测试

(1) 连接励磁线圈引线至端子 C,紧固扭矩 10 N·m。

(2) 将起动机夹在台钳中。

(3) 将蓄电池、电流表连接到起动机上,如图 3-17 所示。记录检测数据并与表 3-1 的电流标准数据进行对比,若检测结果不符合规定,更换起动机总成。

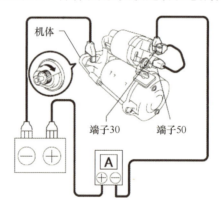

图 3-17 将蓄电池、电流表连接到起动机上

表 3-1 标准电流

检测端子	检测条件	标准数据
蓄电池正极端子、端子 30、端子 50	11.5 V	小于 90 A

3. 拆解起动机

3.1 拆卸磁力起动机开关总成

(1) 拆下螺母,然后从磁力起动机开关总成上断开引线。

(2) 从起动机驱动端壳总成上拆下固定螺母。
(3) 拉出磁力起动机开关总成,如图 3-18 所示,并在提起磁力起动机开关总成前部时,从驱动杆和磁力起动机开关总成上松开铁芯挂钩。

图 3-18 拆卸磁力起动机开关

3.2 拆卸起动机磁轭总成

(1) 拆下起动机磁轭固定螺钉,将起动机磁轭和起动机换向器端架总成一起拉出。
(2) 从起动机换向器端架总成上拉出起动机磁轭总成,如图 3-19 所示。

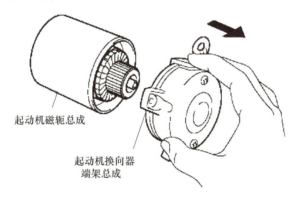

图 3-19 拆卸起动机磁轭总成

3.3 拆卸起动机电枢总成

从起动机磁轭总成上拆下起动机电枢总成,如图 3-20 所示。

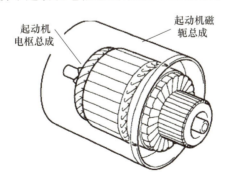

图 3-20 拆卸起动机电枢总成

3.4 拆卸起动机电枢板

从起动机驱动端壳总成或起动机磁轭总成上拆下电枢板。

3.5 拆卸起动机电刷架总成

（1）从起动机换向端架总成上拆下固定螺钉。

（2）拆下卡夹卡爪,然后从起动机换向器端架总成上拆下电刷架总成,如图 3-21 所示。

图 3-21 拆卸起动机电刷架总成

3.6 拆卸行星齿轮

从起动机中间轴承离合器分总成上拆下 3 个行星齿轮,如图 3-22 所示。

3.7 拆卸起动机单向离合器分总成

（1）从起动机驱动端壳总成上拆下带起动机小齿轮驱动杆的起动机单向离合器分总成。

（2）拆下起动机单向离合器分总成、橡胶密封件和起动机小齿轮驱动杆,如图 3-23 所示。

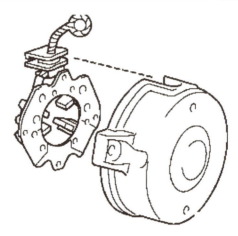

4. 检查起动机单元

4.1 检查电磁开关

（1）检查铁芯

图 3-22 拆卸行星齿轮

推入铁芯,检查并确认其是否能够迅速回位到初始位置,如图 3-24 所示。如有必要,更换电磁开关总成。

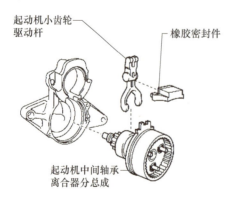

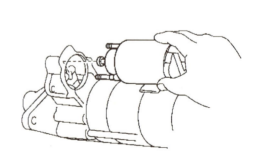

图 3-23 拆卸起动机单向离合器分总成　　图 3-24 推入铁芯

(2) 检测吸引线圈是否断路

将万用表置于欧姆(Ω)挡,检测端子 50—端子 C 之间的电阻,记录检测数据并与表 3-2 的标准电阻数据进行对比。若不符合标准要求,则需更换电磁开关总成。

表 3-2　标准电阻数据

检测端子	检测条件	标准数据
端子 50—端子 C	—	小于 1 Ω

(3) 检测保持线圈是否断路

将万用表置于欧姆(Ω)挡,检测端子 50—电磁开关壳体之间的电阻,记录检测数据并与表 3-3 的标准电阻数据进行对比。若不符合标准要求,则需更换电磁开关总成。

表 3-3　标准电阻数据

检测端子	检测条件	标准数据
端子 50—电磁开关壳体	—	小于 2 Ω

4.2　检查起动机电枢总成

(1) 检查换向器是否断路

使用万用检测换向器整流子片间的电阻,记录检测数据并与表 3-4 的标准电阻数据进行对比。若不符合标准要求,则需检修或更换起动机电枢总成。

表 3-4　标准电阻数据

检测端子	检测条件	标准数据
整流子片—整流子片	—	小于 1 Ω

(2) 检查换向器是否搭铁短路

使用万用检测换向器和电枢线圈间的电阻,记录检测数据并与表 3-5 的标准电阻数据进行对比。若不符合标准要求,则需检修或更换起动机电枢总成。

表 3-5　标准电阻数据

检测端子	检测条件	标准数据
换向器—电枢	—	10 kΩ 或更大

(3) 检查外观

如果表面脏污或烧坏,用砂纸(400 号)或在车床上修复表面。

(4) 检查换向器是否径向跳动

① 换向器放在 V 形块上。

② 使用百分表,测量换向器径向跳动,记录检测数据并与表 3-6 的标准数据进行对比。如果径向跳动大于最大值,则更换起动机电枢总成。

表 3-6 换向器径向跳动标准

检测端子	检测条件	标准数据
换向器径向跳动	—	标准：0.02 mm
		最大：0.05 mm

(5) 检查换向器直径

使用游标卡尺测量换向器径向跳动，记录检测数据并与表 3-7 的标准数据进行对比。如果检测数据小于最小值，则更换起动机电枢总成。

表 3-7 换向器直径标准

检测端子	检测条件	标准数据
换向器直径	—	标准：29.0 mm
		最小：28.0 mm

4.3 检查起动机电刷架总成

(1) 拆下弹簧卡爪，然后拆下 4 个电刷。

(2) 检查电刷长度。

使用游标卡尺测量电刷长度，记录检测数据并与表 3-8 的标准数据进行对比。如果检测数据小于最小值，则更换起动机电刷架总成。

表 3-8 电刷长度标准

检测端子	检测条件	标准数据
电刷长度	—	标准：14.4 mm
		最小：9.0 mm

(3) 查电刷架。

使用万用表测量电刷架电阻，如图 3-25 所示。记录检测数据并与表 3-9 的标准数据进行对比。如果检测数据不符合标准，则更换起动机电刷架总成。

表 3-9 标准电阻

检测端子	检测条件	标准数据
A—B	—	10 kΩ 或更大
A—C		10 kΩ 或更大
A—D		小于 1 Ω
B—C		小于 1 Ω
B—D		10 kΩ 或更大
C—D		10 kΩ 或更大

4.4 检查起动机单向离合器

(1) 检查行星齿轮的轮齿、内齿轮和起动机离合器是否磨损并损坏。如果损坏,更换齿轮或离合器总成。

(2) 检查起动机离合器。

顺时针转动离合器小齿轮,检查并确认其自由转动,如图 3-26 所示。尝试逆时针转动离合器小齿轮,检查并确认其锁止。如有必要,则更换起动机中间轴承离合器分总成。

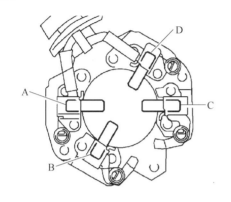

图 3-25　测量电刷架电阻

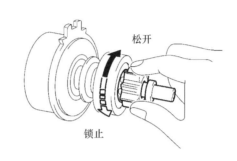

图 3-26　检查起动机离合器

5. 组装起动机总成

5.1　安装起动机单向离合器分总成

(1) 将润滑脂涂抹到起动机小齿轮驱动杆与起动机小齿轮驱动杆的起动机枢轴的接触部分。

(2) 将起动机小齿轮驱动杆和橡胶密封件安装至起动机单向离合器分总成。

(3) 将起动机单向离合器和起动机小齿轮驱动杆一起安装至起动机驱动端壳总成。

5.2　安装行星齿轮

(1) 在行星齿轮和行星轴销部位涂抹润滑脂,如图 3-27 所示。

(2) 安装 3 个行星齿轮。

5.3　安装起动机电刷架总成

(1) 安装电刷架。

(2) 用螺丝刀抵住电刷弹簧,并将 4 个电刷安装到电刷架上。

(3) 将密封垫插入正极(+)和负极(-)之间。

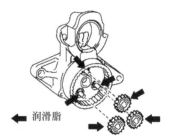

图 3-27　涂抹润滑脂

5.4　安装起动机换向器端盖总成

(1) 将电刷架卡夹装配到起动机换向器端架总成上。

(2) 用固定螺钉安装换向器端架,紧固扭矩为 1.5 N·m。

5.5　安装起动机电枢总成

(1) 将橡胶件对准起动机磁轭总成的凹槽。

(2) 将带电刷架的起动机电枢安装到起动机磁轭总成上。

> **注意事项**
>
> 支撑起动机电枢,以防起动机磁轭总成的磁力将其从起动机电刷架中拉出。

5.6 安装起动机电枢板

(1) 将起动机电枢板安装至起动机磁轭总成。

(2) 安装起动机板,使键槽位于键 A 和键 B 之间,如图 3-28 所示。

5.7 安装起动机磁轭总成

(1) 将起动机磁轭键对准位于起动机驱动端壳总成上的键槽,如图 3-29 所示。

(2) 用固定螺钉安装起动机磁轭总成,紧固扭矩为 6.0 N·m。

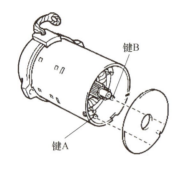
图 3-28 安装起动机电枢板

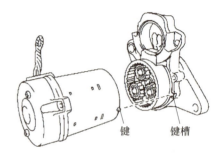
图 3-29 安装起动机磁轭总成

5.8 安装磁力起动机开关总成

(1) 在铁芯挂钩上涂抹润滑脂。

(2) 将磁力起动机开关总成的铁芯从上侧接合到驱动杆上。

(3) 用固定螺母安装磁力起动机开关总成,紧固扭矩为 7.5 N·m。

(4) 将引线连接至磁力起动机开关,然后用螺母紧固,紧固扭矩为 10 N·m。

6. 安装起动机总成

(1) 安装起动机总成

① 用固定螺栓安装起动机总成,如图 3-30 所示。

图 3-30 安装起动机总成

② 连接起动机连接器,用螺母连接端子 30,合上端子盖。用螺母紧固扭矩为 9.8 N·m。

③ 用螺栓安装线束支架,安装线束卡夹。用螺栓紧固扭矩为 8.4 N·m。

(2) 安装散热器上空气导流板

(3) 连接蓄电池负极端子

四、任务小结

1. 起动机的组成

起动机用三个部件来实现整个起动过程:直流电动机、传动机构及控制机构。

(1) 直流串励式电动机负责将蓄电池提供的直流电能转变为机械能,产生转矩起动发动机。它主要由电枢、定子、端壳、机壳、电刷及电刷架等部件组成。

(2) 传动机构由单向离合器、拨叉等组成。它的主要作用是起动时将电动机产生的转矩传递给发动机,起动后自动打滑,保护起动机电枢不致飞散。

(3) 控制装置又称为操纵机构,电磁式控制装置主要有电磁开关。它的作用是控制电路的通断及驱动齿轮与飞轮齿圈的啮合与分离。

2. 起动机工作原理

当点火开关闭合时,蓄电池为起动机供电,接触片接通。直流电动机中有电流通过,磁极产生磁场,转子部分在磁场作用下,将电能转变为机械能,即产生电磁转矩。拨叉推动驱动齿轮与发动机的飞轮啮合。

当电磁开关中电磁吸力相互抵消时,接触片断开,电动机电路断开。

3. 起动机常见故障现象

起动机不转:将点火开关旋至"起动"挡,起动机驱动小齿轮不向外伸出,起动机不转。

起动机转动无力:将点火开关旋至"起动"挡,驱动小齿轮发出"咔咔"声向外移出,但是起动机不转动或转动缓慢无力。

起动机空转:将点火开关置于"起动"挡,起动机只是空转,不能带动发动机运转。

4. 起动机检测

起动机的检测分为解体检测和不解体检测两种,解体测试随解体过程一同进行。不解体测试可以在拆卸之前或装复以后进行。

5. 检查与更换起动机

检查与更换起动机主要包括以下几个步骤:

(1) 拆卸起动机总成;

(2) 检查起动机总成;

(3) 拆解起动机;

(4) 检查起动机单元;

(5) 组装起动机;

(6) 安装起动机总成。

五、任务评价

(一) 课堂练习

1. 判断题

(1) 起动机换向器的作用是使直流电动机维持定向运转。 （　　）

(2) 直流串励式电动机中,励磁绕组和电枢绕组是串联的。 （　　）

(3) 整个起动过程中,电磁控制装置的吸引线圈和保持线圈一直处于通电状态。
　　　　　　　　　　　　　　　　　　　　　　　　　　　　　　　　 （　　）

(4) 起动机每次连续起动时间不得超过5秒,重复起动时应停歇15秒。 （　　）

2. 单选题

(1) 起动机中直流串励式电动机所起的作用是（　　）。

　　A. 将电能转化为机械能

　　B. 将机械能转化为电能

　　C. 将电能转化为化学能

　　D. 将化学能转化为电能

(2) 下列哪项不是对起动系统的检查？（　　）

　　A. 衬套是否磨损

　　B. 电路是否有短路或断路

　　C. 换向器是否磨损严重

　　D. 传动机构是否有电压降

　　E. 传动机构是否损坏

(3) 对起动机进行空载运行测试时,电压的读数大约为11 V。技师A说应更换起动机,技师B说电流应当小于50 A。谁说得对？（　　）

　　A. 只有技师A说得对

　　B. 只有技师B说得对

　　C. 技师A和技师B说得都对

　　D. 技师A和技师B说得都不对

(4) 对起动机应进行多种检查,技师A说一种是分别检查端子50和端子30的电压,技师B说一种是检查蓄电池端子的电压。谁说得对？（　　）

　　A. 只有技师A说得对

　　B. 只有技师B说得对

　　C. 技师A和技师B说得都对

　　D. 技师A和技师B说得都不对

(二) 技能评价

进行自我技能评价,完成表3-10。

表 3-10 技能评价表

序号	内容	分值	得分
1	车上检查并确认起动机工作状况	10	
2	熟练拆卸起动机	10	
3	检查起动机总成	10	
4	熟练拆解起动机	10	
5	检查起动机电磁开关	10	
6	检查起动机电枢总成	10	
7	检查起动机电刷架	10	
8	检查起动机单向离合器	10	
9	组装起动机	10	
10	安装起动机	10	
	总分	100	

注:操作正确即得分,操作错误或未进行操作即 0 分。

学习任务 2　起动系统电路检修

一、任务目标

1. 掌握起动电路的基本组成。
2. 能够识读起动机电路。
3. 能够根据维修作业标准,在 40 分钟内完成起动系统电路的检修。

二、知识准备

1. 起动电路组成

汽车起动电路是现代汽车电路中重要的组成部分,因车型不同各起动电路略有差异,大体上可以分为无起动继电器的控制电路、带有起动继电器的控制电路和带有保护继电器的控制电路。丰田轿车的起动控制电路基本组成主要有:蓄电池、熔断丝、继电器、点火开关、驻车/空挡开关及起动机等。

2. 起动系统电路识读

点火开关打到启动挡(START),电流才能够从蓄电池正极出发,首先到达保险丝(30 A)、保险丝(7.5 A)→启动开关总成→中间插接器→驻车与空挡行程开关组件→系统继电器→搭铁→蓄电池负极,形成回路;电流产生磁场使继电器开关闭合→电流到达起动机总成→电流产生磁场,使起动机电磁开关闭合;当电磁开关接通后,电流自蓄电池→电磁开关接触盘→起动机→接地,形成回路,起动机运转。起动系统工作流程如图 3-31 所示。

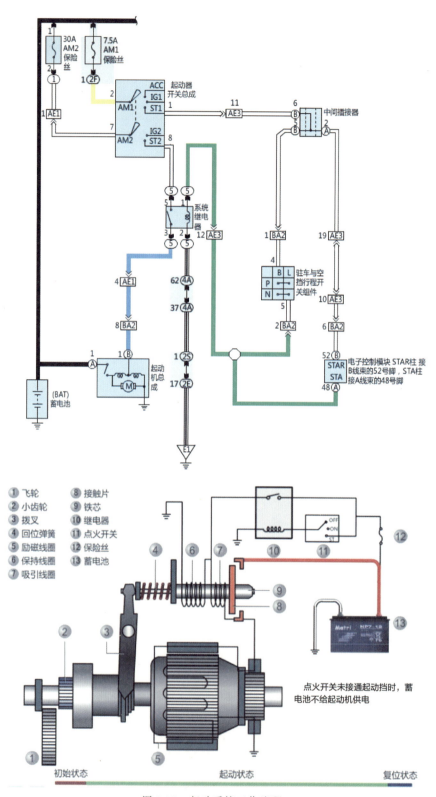

图 3-31 起动系统工作流程

3. 起动电路检修内容

（1）起动开关检修

（2）起动继电器的检修

（3）驻车/空挡开关检修

（4）电磁开关的检修

（5）起动机的检修

三、任务实施

（一）实施方案

1. 质量要求

参照厂家的质量标准要求。

2. 组织方式

每四位同学一组，检修2007款卡罗拉1.6 L自动GL轿车上的起动电路，按照企业岗位操作规范进行作业。每组作业时间为90分钟。

3. 作业准备

（1）技术要求与标准

- 在万用表的使用中，要根据测量对象选择正确的挡位。
- 一般来说，汽车的正常水温应该是80～90 ℃。

（2）设备器材

设备器材如图3-32所示。

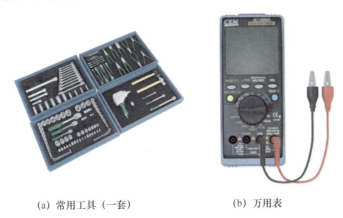

(a) 常用工具（一套）　　(b) 万用表

图3-32　设备器材

（3）场地设施：理实一体化教室、废气排放装置、消防设施等。

（4）设备设施：2007款卡罗拉1.6 L/AT轿车、常用工具、工具车、零件车、标保工具车、垃圾桶等。

（5）安全防护：车轮挡块、室内三件套等。

（6）耗材：干净抹布。

（二）操作步骤

将起动继电器上的"电池"和"点火"两接线柱短接，如图 3-33 所示。

若起动机正常工作，则故障在继电器或继电器到起动机的线路上。若起动机不工作，则故障在点火开关或点火开关到起动继电器的线路上。

1. 点火开关及线路检测

（1）点火开关到继电器的线路检测

轻轻地上下或者左右摆动电气配线，检查导线是否从端子中脱开，如果异常，需要进行紧固或者更换新的配线；断开插接器，查看线头是否被腐蚀，如果有，则需要更换新的配线。

（2）点火开关检查

用万用表根据表 3-11 的连接条件测量该开关的电阻；如果结果不符合规定，更换开关总成。

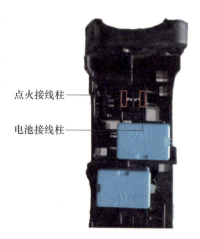

图 3-33　起动继电器

表 3-11　标准电阻状态

检测仪连接	开关状态	规定状态
所有端子之间	LOCK	10 kΩ 或更大
AM1(E4-2)—ACC(E4-3)	ACC	小于 1 Ω
AM1(E4-2)—ACC(E4-3) AM1(E4-2)—IG1(E4-4) IG2(E4-6)—AM2(E4-7)	ON	小于 1 Ω
ST1(E4-1)—AM1(E4-2) ST1(E4-1)—IG1(E4-4) IG2(E4-6)—AM2(E4-7) IG2(E4-6)—ST2(E4-8)	START	小于 1 Ω

2. 继电器及线路检测

（1）继电器到起动机的线路检测

轻轻地上下或者左右摆动电气配线，检查导线是否从端子中脱开，如果异常，需要进行紧固或者更换新的配线；断开插接器，查看线头是否被锈蚀或腐蚀，如果有，则需要更换新的配线。

（2）继电器检测

根据表 3-12 的连接条件，用欧姆表测量电阻；如果电阻不符合规定，说明继电器损坏，需要更换起动机继电器。

表 3-12　标准电阻

检测仪连接	条件	规定状态
3—5	在端子 1 和 2 之间不施加蓄电池电压	10 kΩ 或更大
3—5	在端子 1 和 2 之间施加蓄电池电压	小于 1 Ω

四、任务小结

1. 起动电路组成

丰田轿车的起动控制电路基本组成主要有：蓄电池、熔断丝、继电器、点火开关、驻车/空挡开关及起动机等。

2. 起动系统电路

超动系统工作电路如图 3-34 所示。

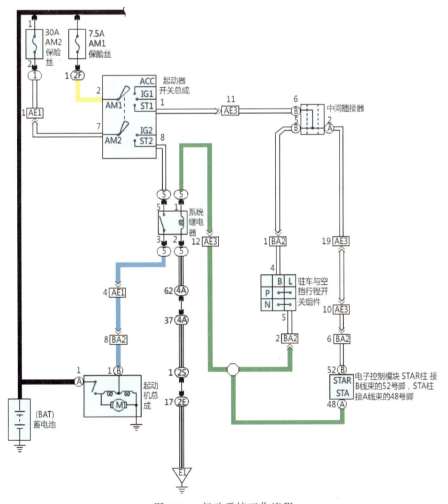

图 3-34　起动系统工作流程

3. 起动电路检修内容

（1）点火开关及线路检测

（2）继电器及线路检测

五、任务评价

（一）课堂练习

1. 判断题

（1）汽车起动电路虽因车型不同各起动电路略有差异，但大体上可以分为无起动继电器的控制电路。（　　）

（2）丰田轿车的起动控制电路基本组成主要有：蓄电池、熔断丝、继电器、点火开关、驻车/空挡开关及起动机等。（　　）

2. 单选题

（1）以卡罗拉为例，在蓄电池静态电压检查应选用万用表的量程是（　　）。

  A. 直流电压，200 mV   B. 直流电压，20 V

  C. 交流电压，200 mV   D. 交流电压，20 V

（2）检查起动机电磁开关，其端子50与壳体之间的电阻应为（　　）。

  A. 小于2 Ω   B. 小于1 Ω

  C. 大于2 Ω   D. 小于3 Ω

（二）技能评价

进行自我技能评价，完成表3-13。

表3-13　技能评价表

序号	内容	分值	得分
1	能正确选用正确的工具进行相关数据的测量	20	
2	检查点火开关到继电器的线路	20	
3	检查点火开关	20	
4	检查继电器到起动机的线路	20	
5	检查继电器	20	
	总分	100	

注：操作正确即得分，操作错误或未进行操作即0分。

项目四

照明系统检修

项目描述

一辆 2007 款卡罗拉 1.6 L 自动 GL 轿车,夜间行驶过程中突然出现前照灯灯光暗淡的故障。经维修人员检查、测试、查出汽车照明系统存在故障。

汽车照明系统是汽车安全行驶的必备系统之一。本任务主要通过对前照灯及电路、车内照明及电路故障的诊断,掌握照明系统的检修方法。

学习目标

1. 了解照明系统常见故障原因。
2. 明确照明系统的技术检测标准。
3. 能够正确进行照明系统的检修。

项目任务

学习任务 1　前照灯及电路检修
学习任务 2　车内照明及电路检修

学习任务 1　前照灯及电路检修

一、任务目标

1. 了解前照灯总成常见故障。
2. 掌握前照灯电路控制方式。
3. 正确识读前照灯电路。
4. 规范完成前照灯及电路的检修工作。

二、知识准备

1. 前照灯组成及类型

前照灯一般主要由反射镜、配光镜和灯泡三部分组成,如图 4-1 所示。其中反射镜的作用是最大限度地将灯泡发出的光线聚合成强光束,以增加照射距离;配光镜可将反射光束扩散分配,使路段的照明更加均匀;汽车前照灯的灯泡主要使用两种,即白炽灯泡和卤钨灯泡。

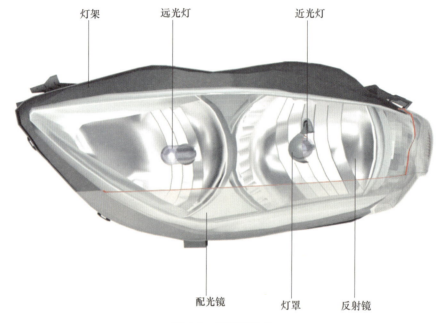

图 4-1 前照灯组成

前照灯的常见类型有可拆式前照灯、半封闭式前照灯、封闭式前照灯以及氙气前照灯等。

2. 前照灯功用

前照灯的作用是照亮前方道路,并给对面来车作为识别信号,同时前照灯还能使驾驶员能够监视路面情况,及时看清障碍物并做出反应,如图 4-2 所示。

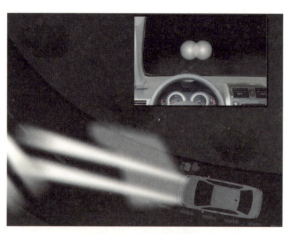

图 4-2 前照灯功用

3. 对前照灯的基本要求

汽车前照灯的照明效果直接影响着夜间交通安全,其基本要求主要有以下两个方面。首先,要求前照灯应能保证车前有明亮而又均匀的照明,且必须具有足够的亮度和照明范围,使驾驶员能看清车前 100 m 内路面上的障碍物。随着汽车行驶速度的提高,对汽车前照灯的照明距离也相应要求越来越远,现代高速汽车其照明距离已达到 200~250 m。其次,要求前照灯必须有防止眩目的功能,以免夜间两车交会时,使对面来车驾驶员眩目而造成交通事故。

三、任务实施

(一)实施方案

1. 质量要求

参照厂家的质量标准要求。

2. 组织方式

每四位同学一组,检修卡罗拉车上的前照灯,按照企业岗位操作规范进行作业。每组作业时间为 30 分钟。

3. 作业准备

(1)技术要求与标准

- 严格按照安全操作规程,熟练快速的检查汽车灯光系统。
- 在检查门控灯的指示灯时,要保持所有车门处于关闭状态。

(2)设备器材

设备器材如图 4-3 所示。

(3)场地设施:理实一体化教室、废气排放装置、消防设施等。

(4)设备设施:2007 款卡罗拉 1.6 L/AT 轿车、常用工具、工具车、零件车、标保工具车、垃圾桶等。

图 4-3 常用工具(一套)

(5)安全防护:车轮挡块、室内三件套等。

(6)耗材:干净抹布。

(二)操作步骤

1. 检查车辆前部灯光

1.1 检查前示宽灯

(1)进入车内起动发动机并保持怠速运转。

(2)将变光器开关旋至一挡,检查仪表板灯是否正常亮起,检查示宽灯是否正常亮起,如图 4-4 所示。

1.2 检查前雾灯及其指示灯

(1)保持变光器开关在一挡位置,将变光器开关内圈转动一挡。检查仪表板雾灯指示灯是否正常亮起,检查雾灯是否正常亮起,如图 4-5 所示。

(2)将变光器开关内圈回位以关闭雾灯,如图 4-6 所示。

图 4-4　检查前示宽灯

图 4-5　检查前雾灯及其指示灯

图 4-6　关闭雾灯

1.3　检查前照灯近光

将变光器开关旋至二挡，检查前照灯近光是否正常亮起，如图 4-7 所示。

1.4　检查前照灯远光及其指示灯

（1）变光器开关保持二挡，将变光器开关向前推，如图 4-8 所示，检查仪表板前照灯远光指示灯是否正常亮起。

（2）检查前照灯远光是否正常亮起。

项目四　照明系统检修

图 4-7　检查前照灯近光

（3）将变光器开关回至 OFF 位置，关闭灯光。

图 4-8　检查前照灯远光及其指示灯

1.5　检查前照灯闪光和指示灯

（1）将变光器开关向后拉放两次，检查仪表板前照灯闪光指示灯是否正常亮起。

（2）检查前照灯闪光是否正常亮起。

1.6　检查前部转向信号灯及其指示灯

（1）将变光器开关向下拉，如图 4-9 所示，检查仪表板左转向信号灯指示灯是否正常闪烁。

图 4-9　检查前部转向信号指示灯

(2)检查左转向信号灯是否正常闪烁及闪烁频率,如图 4-10 所示。正常闪烁频率每秒 1~2 次。

图 4-10　检查前部转向信号灯

(3)将变光器开关回位,关闭左转向信号灯。

(4)按照以上相同方法检查右转向信号灯及其仪表板指示灯是否正常。

1.7　检查前部危险警告灯及其指示灯

(1)按下危险警告灯开关按钮,如图 4-11 所示,检查仪表板危险警告灯指示灯是否正常闪烁。

图 4-11　检查前部危险警告指示灯

(2)检查危险警告灯是否正常闪烁,如图 4-12 所示。

图 4-12　检查前部危险警告灯

（3）再次按下危险警告灯开关按钮,关闭危险警告灯,如图4-13所示。

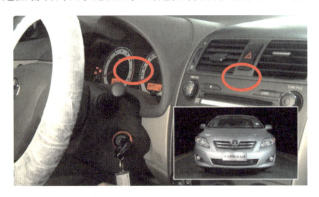

图4-13　关闭危险警告灯

1.8　检查顶灯和门控灯与指示灯

（1）将打开顶灯至ON位置,检查顶灯是否正常点亮。
（2）将顶灯开关至DOOR位置。
（3）打开左前车门,检查门控灯和仪表板指示灯是否正常亮起,如图4-14所示。

图4-14　门控灯和仪表板指示灯亮起

（4）关闭左前车门,检查门控灯和仪表板指示灯是否正常熄灭,如图4-15所示。
（5）按相同方法检查左前、左后、右前、右后的门控灯和仪表板指示灯。

图4-15　门控灯和依表板指示灯熄灭

（6）关闭点火开关到LOCK位置,检查门控灯延时功能是否正常。

> **注意事项**
>
> 在检查门控灯的指示灯时,要保持所有车门处于关闭状态。

1.9 检查转向灯开关自动回位功能

(1) 将转向灯开关向下拉,逆时针转动转向盘约 90°,如图 4-16 所示。再将转向盘顺时针转至原始中间位置,检查转向灯开关是否会自动回到中间原始位置。

(2) 按照相同方法检查右转向灯开关自动回位情况。

图 4-16　检查转向灯开关自动回位功能

1.10 检查行李厢灯

(1) 打开行李厢门,检查行李箱灯是否正常点亮。

(2) 关闭行李厢门。

2. 检查检查车辆后部灯光

2.1 检查后示宽灯

将变光器开关旋至一挡,检查后示宽灯是否正常亮起,如图 4-17 所示。

图 4-17　检查后示宽灯

2.2 检查牌照灯

将变光器开关旋至一挡,检查牌照灯是否正常亮起,如图 4-18 所示。

2.3 检查后雾灯

(1) 变光器开关保持一挡,将变光器开关内圈转动二挡,检查仪表板后雾灯指示灯是否正常亮起,如图 4-19 所示。

项目四　照明系统检修

图 4-18　检查牌照灯

（2）检查后雾灯是否正常亮起。
（3）将变光器开关内外圈都回位，关闭所有灯光。
（4）关闭点火开关，使发动机熄火。

图 4-19　检查仪表板后雾指示灯

2.4　检查制动灯

（1）踩下制动器踏板，检查制动灯（包括高位制动灯）是否正常亮起，如图 4-20 所示。

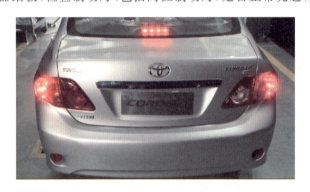

图 4-20　检查制动灯

（2）释放制动器踏板，检查制动灯（包括高位制动灯）是否熄灭。

2.5　检查倒车灯

（1）打开点火开关，但不要起动发动机。

（2）踩下制动器踏板并保持，将换挡杆置于"R"倒挡位置，如图 4-21 所示。

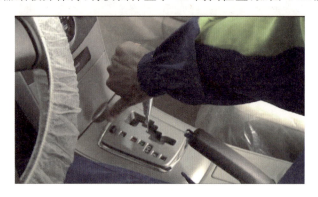

图 4-21　将换挡杆置于倒挡位置

（3）检查倒车灯是否正常亮起，如图 4-22 所示（对于手动变速器车辆，需踩下离合器踏板然后将换挡杆换入"倒挡"进行检查）。

图 4-22　检查倒车灯是否正常亮起

（4）将换挡杆回位"P"驻车挡位置，释放制动器踏板，检查倒车灯是否熄灭（对于手动变速器车辆，退回空挡抬起离合器踏板再检查倒车灯是否熄灭）。

2.6　检查后部转向信号灯

（1）将变光器开关向下拉，检查仪表板左转向信号灯指示灯是否正常闪烁及闪烁频率，如图 4-23 所示。

图 4-23　检查后部转向信号灯

(2) 检查后部左转向信号灯是否正常闪烁及闪烁频率。正常闪烁频率每秒 1～2 次。

(3) 将变光器开关回位,关闭左转向信号灯。

(4) 按照以上相同方法检查右转向信号灯及其仪表板指示灯是否正常。

2.7　检查后部危险警告灯

(1) 按下危险警告灯开关按钮,检查仪表板危险警告灯指示灯是否正常闪烁,如图 4-24 所示。

图 4-24　检查仪表板危险警告指示灯

(2) 检查后部危险警告灯是否正常闪烁,如图 4-25 所示。

(3) 再次按下危险警告灯开关按钮,关闭危险警告灯。

图 4-25　检查后部危险警告灯

四、任务小结

1. 前照灯组成及类型

前照灯一般主要由反射镜、配光镜和灯泡三部分组成。其中反射镜的作用是最大限度地将灯泡发出的光线聚合成强光束,以增加照射距离;配光镜可将反射光束扩散分配,使路段的照明更加均匀;汽车前照灯的灯泡主要使用两种,即白炽灯泡和卤钨灯泡。

2. 前照灯功用

前照灯的作用是照亮前方道路,并给对面来车作为识别信号,同时前照灯还能使驾驶员能够监视路面情况,及时看清障碍物并做出反应。

3. 对前照灯的基本要求

汽车前照灯的照明效果直接影响着夜间交通安全,其基本要求主要有以下两个方面:首先,要求前照灯应能保证车前有明亮而又均匀的照明;其次,必须具有足够的亮度和照明范围,使驾驶员能看清车前 100 m 内路面上的障碍物。

五、任务评价

(一) 课堂练习

1. 判断题

(1) 前照灯由反射镜、配光镜和灯泡三部分组成。　　　　　　　　　　　(　)

(2) 在检查门控灯的指示灯时,要保持车门处于打开状态。　　　　　　　(　)

(3) 反光镜可将反射光束扩散分配,使路段的照明更加均匀。　　　　　　(　)

2. 单选题

(1) 后部转向信号灯的正常闪烁频率为每秒(　　)次。

　　A. 2~3　　　　　B. 1~3　　　　　C. 2~5　　　　　D. 1~2

(2) 下列说法错误的是(　　)。

　　A. 检查后示宽灯时将变光器开关旋至 P 挡,检查后示宽灯是否正常亮起。

　　B. 检查牌照灯时将变光器开关旋至一挡,检查牌照灯是否正常亮起。

　　C. 检查后雾灯变光器开关保持一挡,将变光器开关内圈转动二挡,检查仪表板后雾灯指示灯是否正常亮起。

　　D. 前照灯的常见类型有可拆式前照灯、半封闭式前照灯、封闭式前照灯以及氙气前照灯等。

(二) 技能评价

进行自我技能评价,完成表 4-1。

表 4-1　技能评价表

序号	内容	分值	得分
1	检查前示宽灯和仪表板灯	5	
2	检查前雾灯及其指示灯	5	
3	检查前照灯近光	10	
4	检查前照灯远光及其指示灯	10	
5	检查前照灯闪光和指示灯	10	
6	检查前部危险警告灯及其指示灯	5	
7	检查顶灯和门控灯与指示灯	5	
8	检查转向灯开关自动回位功能	5	
9	检查行李厢灯	5	
10	检查后示宽灯	5	
11	检查牌照灯	5	
12	检查后雾灯	5	
13	检查制动灯	10	
14	检查倒车灯	5	
15	检查后部转向信号灯和危险警告灯	10	
	总分	100	

学习任务 2　车内照明及电路检修

一、任务目标

1. 了解车内照明装置组成。
2. 识读车内照明灯电路。
3. 规范完成车内照明及电路的检修工作。

二、知识准备

1. 车内照明装置

车内照明装置包括车顶区域、行李厢、脚部空间和车门内侧照明装置，主要有：点火锁灯、按钮灯、阅读灯、仪表灯、梳妆灯、底板灯和顶灯。

2. 室内灯控制电路

室内灯、阅读灯受专门开关控制，许多轿车室内灯、阅读灯还受车门开关控制，用以警示车门关闭情况，如图 4-26 所示。

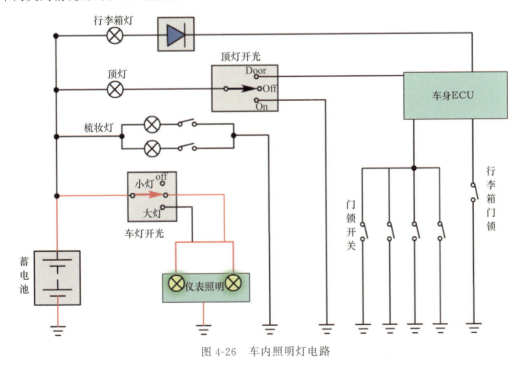

图 4-26　车内照明灯电路

三、任务实施

（一）实施方案

1. 质量要求

参照厂家的质量标准要求。

2. 组织方式

每四位同学一组,检修卡罗拉车车内照明等,按照企业岗位操作规范进行作业。每组作业时间为 20 分钟。

3. 作业准备

(1) 技术要求与标准

- 严格按照安全操作规程,熟练快速的检查汽车灯光系统。
- 在万用表的使用中,要根据测量对象选择正确的挡位。

(2) 设备器材

设备器材如图 4-27 所示。

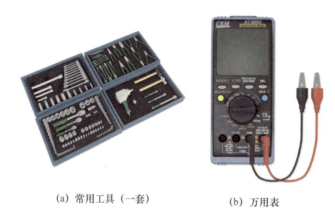

(a) 常用工具(一套)　　(b) 万用表

图 4-27　设备器材

(3) 场地设施:理实一体化教室、废气排放装置、消防设施等。

(4) 设备设施:2007 款卡罗拉 1.6 L/AT 轿车、常用工具、工具车、零件车、标保工具车、垃圾桶等。

(5) 安全防护:车轮挡块、室内三件套等。

(6) 耗材:干净抹布。

(二) 操作步骤

1. 检查顶灯与仪表板指示灯

(1) 将顶灯打开至 ON 位置,检查顶灯是否正常点亮,如图 4-28 所示。

图 4-28　检查顶灯

（2）将顶灯开关至 DOOR 位置。

（3）打开左前车门，检查仪表板指示灯是否正常亮起，如图 4-29 所示。

图 4-29　检查仪表板指示灯

（4）关闭左前车门，检查仪表板指示灯是否正常熄灭，如图 4-30 所示。

图 4-30　检查仪表板指示灯

（5）按相同方法检查打开及关闭左前、左后、右前、右后门时仪表板指示灯是否正常。

（6）其他车内照明灯逐一进行检查是否正常亮起与熄灭，如图 4-31 所示。

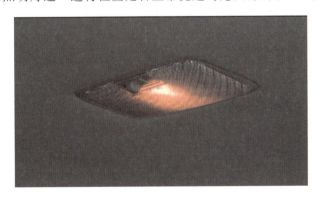

图 4-31　顶灯

2. 检查梳妆灯电路

（1）拆卸梳妆灯总成

(2) 检查梳妆灯

将蓄电池(+)引线连接到端子1,(-)引线连接到端子2。根据表4-2中的值测量电压。

表4-2 标准电压

检测仪连接	条件	规定状态
1—2	遮阳板升高	低于1 V
	遮阳板下降且后视镜盖打开	11～14 V
	遮阳板下降且后视镜盖关闭	低于1 V

如果结果不符合规定,则线束侧有故障;如果结果符合规定,但梳妆灯不亮,则更换灯泡。

(3) 安装梳妆灯总成

(4) 其他车内照明灯按照类似的方法检查

四、任务小结

1. 车内照明系统

车内照明灯主要有点火锁灯、按钮灯、阅读灯、仪表灯、梳妆灯、底板灯及顶灯。

2. 室内灯控制电路

室内灯控制电路如图4-32所示。

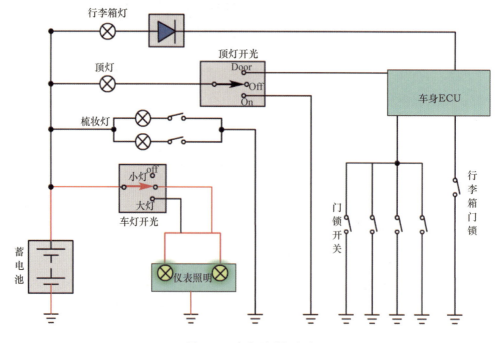

图4-32 车内照明灯电路

五、任务评价

（一）课堂练习

1. 判断题

（1）行李箱灯不属于车内照明灯。（ ）

（2）点火锁灯、按钮灯、阅读灯、仪表灯、梳妆灯、底板灯及顶灯都属于车内照明灯。
（ ）

2. 单选题

（1）下面哪一项不属于内部照明灯？（   ）

　　A. 阅读灯　　　　　　B. 顶灯　　　　　　　　C. 牌照灯

（2）如果两侧雾灯，有一侧亮、一侧不亮，可能的原因是（   ）。

　　A. 雾灯开关损坏　　　B. 雾灯继电器损坏　　　C. 雾灯搭铁不亮

（二）技能评价

进行自我技能评价，完成表4-3。

表4-3　技能评价表

序号	内容	分值	得分
1	检查点火锁灯是否正常	10	
2	检查按钮灯是否正常	10	
3	检查阅读灯是否正常	10	
4	检查仪表灯是否正常	10	
5	检查梳妆灯是否正常	10	
6	检查底板灯是否正常	10	
7	检查顶灯是否正常	10	
8	能够判断故障灯的故障点	15	
9	能够正确更换故障灯	15	
	总分	100	

注：操作正确即得分，操作错误或未进行操作即0分。

项目五

信号系统检修

 项目描述

一丰田卡罗拉车主反映,他的 2007 款卡罗拉 1.6 L 自动挡 GL 轿车,在行驶到 8 万千米前后,出现了转向信号灯故障。他反映:"左转向是正常的,向下拨转向手柄,指示灯一闪一闪、亮晶晶的。可向上拨时,转向灯'叭、叭、叭'闪烁得特快。"

本任务通过对汽车信号系统的常见故障进行诊断,掌握信号系统的检修方法,并最终能解决客户所反映的问题。

 学习目标

1. 了解信号系统常见故障。
2. 掌握信号系统检修的作业标准。
3. 熟练进行信号系统的检修。

 项目任务

学习任务 1　转向灯开关及电路检修
学习任务 2　制动灯开关及电路检修
学习任务 3　喇叭及控制电路检修

学习任务 1　转向灯开关及电路检修

一、任务目标

1. 认知转向信号系统组成。
2. 理解转向信号灯控制电路。
3. 了解转向信号灯常见故障。
4. 规范完成前照灯及电路的检修工作。

二、知识准备

为保证汽车在各种条件下安全行车,提高汽车的行驶速度,在汽车上装有各种信号装置,主要有转向信号、制动信号、喇叭等。

1. 转向灯功用

汽车转向灯是汽车转向时告知周围车辆和行人的灯具,发出亮、灭交替的闪光信号,颜色为琥珀色,受转向开关和闪光器控制。汽车转向灯的作用是在汽车转向或变车道时,发出明暗交替的闪光信号,向环境系统指示车辆的转向或变车道意图,如图 5-1 所示。

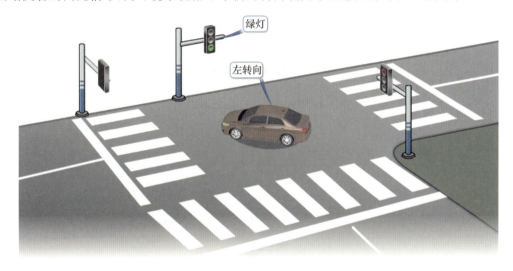

图 5-1 转向灯功用

2. 转向灯组成

汽车转向灯系统的主要部件有:开关、转向灯、转向指示灯和闪光继电器。其中闪光继电器是最主要的部件。

汽车转向灯一般由左(前、后、侧)转向灯、右(前、后、侧)转向灯组成,如图 5-2 所示。

图 5-2 转向灯组成

3. 转向灯电路原理

汽车转向灯由点火开关、转向灯开关控制。点火开关打开后，才给转向灯电路供电，转向灯电路原理如图 5-3 所示。

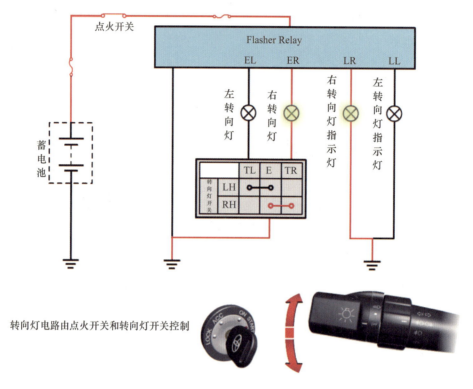

图 5-3　转向灯电路原理

三、任务实施

(一) 实施方案

1. 质量要求

参照厂家的质量标准要求。

2. 组织方式

每四位同学一组，检修卡罗拉车上的转向信号灯，按照企业岗位操作规范进行作业。每组作业时间为 30 分钟。

3. 作业准备

(1) 技术要求与标准

- 严格按照安全操作规程，熟练快速地检查汽车信号系统。
- 在万用表的使用中，要根据测量对象选择正确的挡位。

(2) 设备器材

设备器材如图 5-4 所示。

(3) 场地设施：理实一体化教室、废气排放装置、消防设施等。

(4) 设备设施：卡罗拉轿车一辆、常用工具、万用表、工具车、零件车、标保工具车、垃圾桶等。

（5）安全防护：车轮挡块、室内三件套等。
（6）耗材：干净抹布、LED试灯。

(a) 常用工具（一套）　　　　(b) 万用表

图 5-4　设备器材

（二）操作步骤

1. 检查保险丝

检查盒里的 TRN-HAZ 保险丝和 ECU-IG2 保险丝是否烧毁，如有烧毁则更换保险丝，如图 5-5 所示。

图 5-5　保险丝

2. 检查转向灯信号开关

（1）拆卸转向灯信号开关
（2）检查转向灯信号开关

根据表 5-1、表 5-2 中的值测量前大灯变光开关总成端子（如图 5-6 所示）间的电阻，若有异常则更换转向信号灯开关。

表 5-1　带自动灯控系统

检测仪连接	条件	规定状态
12(E)—13(TR)	OFF	10 kΩ 或更大
12(E)—15(TL)		
12(E)—13(TR)	RH	小于 1 Ω
12(E)—13(TL)	LH	小于 1 Ω

表 5-2 不带自动灯控系统

检测仪连接	条件	规定状态
6(TR)—7(E)	OFF	10 kΩ 或更大
5(TL)—7(E)		
6(TR)—7(E)	RH	小于 1 Ω
5(TL)—7(E)	LH	小于 1 Ω

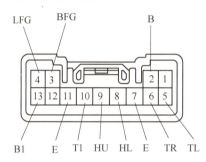

图 5-6 前大灯变光开关总成端子

（3）按照拆卸相反顺序安装转向灯信号开关

3. 检查闪光继电器

（1）拔下闪光继电器，检查是否损坏，如有损坏，则更换新的闪光继电器。

（2）若无法观察闪光继电器是否损坏，用跨接线连接电源与闪光器插座"L"端子，如果转向灯在打转向开关的两个位置都亮，则闪光继电器失效，应予以更换，如图 5-7 所示。

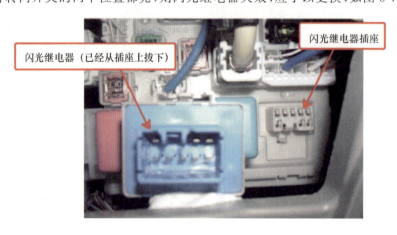

图 5-7 闪光继电器

4. 检查闪光灯总成

（1）拆卸仪表板下装饰板总成

（2）拆卸转向信号闪光灯总成

（3）检查转向信号闪光灯总成

① 从仪表板接线盒上拆下转向信号闪光灯总成,其端子如图 5-8 所示。

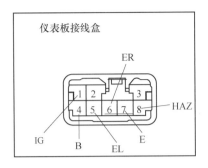

图 5-8 转向信号闪光灯总成端子

② 根据表 5-3 中的值测量电压。如果结果不符合规定,则线束侧有故障,需要更换线束。

表 5-3 标准电压

检测仪连接	条件	规定状态
4(B)—车身搭铁	始终	11～14 V
1(IG)—车身搭铁	点火开关置于 OFF 位置	低于 1 V
	点火开关置于 ON(IG)位置	11～14 V

③ 根据表 5-4 中的值测量电阻。如果结果不符合规定,则线束侧有故障,需要更换线束。

表 5-4 标准电阻

检测仪连接	条件	规定状态
5(EL)—车身搭铁	转向信号开关置于 OFF 位置	10 kΩ 或更大
	转向信号开关置于 LH 位置	小于 1 Ω
6(ER)—车身搭铁	转向信号开关置于 OFF 位置	10 kΩ 或更大
	转向信号开关置于 RH 位置	小于 1 Ω
7(E)—车身搭铁	始终	小于 1 Ω
8(HAZ)—车身搭铁	危险警告开关置于 OFF 位置	10 kΩ 或更大
	危险警告开关置于 ON 位置	小于 1 Ω

④ 转向信号闪光灯总成安装到仪表板接线盒上,如图 5-9 所示。

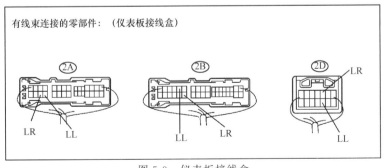

图 5-9 仪表板接线盒

⑤ 根据表 5-5 中的值测量电压。如果结果不符合规定，更换转向信号闪光灯总成。

表 5-5 标准电压

检测仪连接	开关状态	规定状态
2A-27（LL）—车身搭铁	转向信号开关置于 OFF 位置	低于 1 V
	转向信号开关置于 LH 位置	11～14 V（每分钟 60～120 次）
	危险警告开关置于 OFF 位置	低于 1 V
	危险警告开关置于 ON 位置	11～14 V（每分钟 60～120 次）
2A-28（LR）—车身搭铁	转向信号开关置于 OFF 位置	低于 1 V
	转向信号开关置于 RH 位置	11～14 V（每分钟 60～120 次）
	危险警告开关置于 OFF 位置	低于 1 V
	危险警告开关置于 ON 位置	11～14 V（每分钟 60～120 次）
2B-14（LL）—车身搭铁	转向信号开关置于 OFF 位置	低于 1 V
	转向信号开关置于 LH 位置	11～14 V（每分钟 60～120 次）
	危险警告开关置于 OFF 位置	低于 1 V
	危险警告开关置于 ON 位置	11～14 V（每分钟 60～120 次）
2B-31（LR）—车身搭铁	转向信号开关置于 OFF 位置	低于 1 V
	转向信号开关置于 RH 位置	11～14 V（每分钟 60～120 次）
	危险警告开关置于 OFF 位置	低于 1 V
	危险警告开关置于 ON 位置	11～14 V（每分钟 60～120 次）
2D-10（LL）—车身搭铁	转向信号开关置于 OFF 位置	低于 1 V
	转向信号开关置于 LH 位置	11～14 V（每分钟 60～120 次）
	危险警告开关置于 OFF 位置	低于 1 V
	危险警告开关置于 ON 位置	11～14 V（每分钟 60～120 次）
2D-3（LR）—车身搭铁	转向信号开关置于 OFF 位置	低于 1 V
	转向信号开关置于 RH 位置	11～14 V（每分钟 60～120 次）
	危险警告开关置于 OFF 位置	低于 1 V
	危险警告开关置于 ON 位置	11～14 V（每分钟 60～120 次）

（4）安装转向信号闪光灯总成

将转向信号闪光灯总成按照拆卸相反顺序安装到接线盒上。

（5）安装仪表板下装饰板总成

四、任务小结

1. 转向灯功用

汽车转向灯的作用是在汽车转向或变车道时，发出明暗交替的闪光信号，向环境系统指示车辆的转向或变车道意图。

2. 转向灯组成

汽车转向灯系统的主要部件有：开关、转向灯、转向指示灯和闪光继电器。其中闪光继电器是最主要的部件。

3. 转向灯电路原理

汽车转向灯由点火开关、转向灯开关控制。点火开关打开后，才给转向灯电路供电。

4. 检查转向灯流程

检查转向灯流程图如图 5-10 所示。

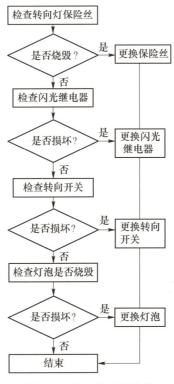

图 5-10 检查转向灯流程

五、任务评价

（一）课堂练习

1. 判断题

(1) 信号系统包括示宽灯、转向灯、危险警告灯、倒车灯等。　　　　　　　　　　(　　)

(2) 闪光继电器是转向和危险警告灯的重要组成部分。　　　　　　　　　　　　(　　)

(3) 更换保险丝时，要注意跟原先的保险丝型号规格保持一致。　　　　　　　　(　　)

2. 单选题

(1) 下面哪一种灯泡不属于信号系统的组成部分？(　　)
　　A. 转向灯　　　　　　　　B. 室内顶灯　　　　　　　　C. 制动灯

(2) 当把转向灯开关往上拨的时候，亮的是哪个转向灯？(　　)
　　A. 左转向灯　　　　　　　B. 右转向灯　　　　　　　　C. 左、右转向灯

(3) 转向灯闪光频率不正常，下面哪一项不是可能的故障原因？(　　)
　　A. 转向灯线路接触不良　　B. 左右转向灯功率不同　　　C. 保险丝烧坏

(4) 转向灯闪烁频率一般为(　　)。
　　A. 65～120 次/min　　　　B. 120～150 次/min　　　　　C. 40～60 次/min

（二）技能评价

进行自我技能评价，完成表5-6。

表 5-6 技能评价表

序号	内容	分值	得分
1	检查保险丝	10	
2	拆卸转向灯信号开关	10	
3	检查转向灯信号开关	10	
4	安装转向灯信号开关	10	
5	检查闪光继电器	10	
6	拆卸仪表板下装饰板总成	10	
7	拆卸转向信号闪光灯总成	10	
8	检查转向信号闪光灯总成	10	
9	安装转向信号闪光灯总成	10	
10	安装仪表板下装饰板总成	10	
	总分	100	

注：操作正确即得分，操作错误或未进行操作即0分。

学习任务2　制动灯开关及电路检修

一、任务目标

1. 识读制动信号灯控制电路。
2. 了解制动信号灯常见故障。
3. 了解制动灯电路故障警告灯功用。
4. 规范完成制动灯及电路的检修工作。

二、知识准备

制动灯提示后面车辆自己的车要减慢速度或停车，后面的车就可以提前准备。制动信号装置主要有制动信号灯、制动开关盒及制动安全报警装置。

1. 制动灯电路识读

当车辆需要刹车时，踩下制动踏板使汽车减速至停车时，电流经蓄电池正极，经过熔断丝至制动灯开关，至制动灯，再经搭铁回到蓄电池负极行成一个回路；当松开制动踏板时，制动灯开关断开，制动灯熄灭，如图5-11所示。制动灯电路如图5-12所示。

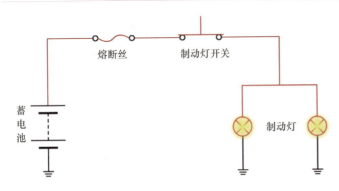

图 5-11 制动灯电路原理

2. 制动灯故障现象

踩下制动踏板,制动灯会亮起以警示后方车辆保持安全行车车距。制动灯常见故障现象如下:

(1) 踏下制动踏板,左、右制动灯均不亮;

(2) 踏下制动踏板,左、右制动灯只有一只亮;

(3) 不踏下制动踏板,左、右制动灯长亮或时亮时不亮。

制动灯不亮的常见故障原因有:熔断器烧坏、电路中存在开路或搭铁不良、开关损坏、灯泡损坏。对应的故障排除方法分别是:更换熔断器、检修电路、更换开关、更换相同的灯泡。

3. 制动灯电路故障警告灯功用

制动灯电路故障警告灯用于指示制动灯灯泡或电路工作状况,正常情况下熄灭,当制动灯灯泡故障或电路有断路时,该灯点亮,如图 5-13 所示。

三、任务实施

(一) 实施方案

1. 质量要求

参照厂家的质量标准要求。

2. 组织方式

每四位同学一组,检修卡罗拉车上的制动灯,按照企业岗位操作规范进行作业。每组作业时间为 30 分钟。

3. 作业准备

(1) 技术要求与标准

• 严格按照安全操作规程,熟练快速地检查汽车制动灯系统。

• 在万用表的使用中,要根据测量对象选择正确的挡位。

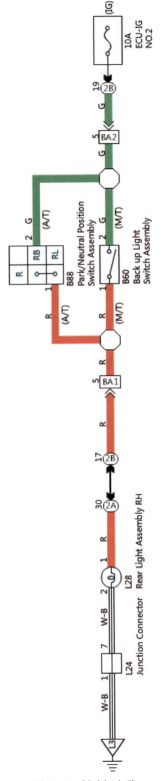

图 5-12 制动灯电路

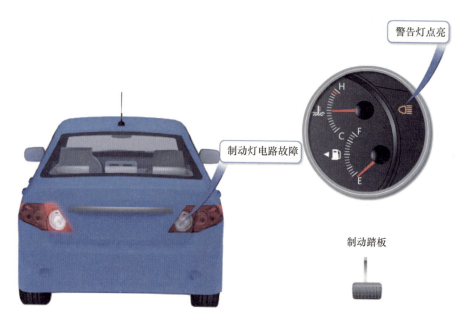

图 5-13　制动灯电路故障警告灯

（2）设备器材

设备器材如图 5-14 所示。

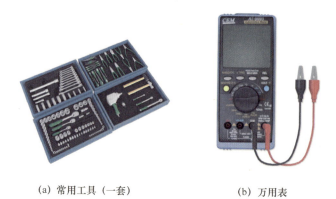

(a) 常用工具（一套）　　　(b) 万用表

图 5-14　设备器材

（3）场地设施：理实一体化教室、废气排放装置、消防设施等。

（4）设备设施：2007 款卡罗拉 1.6 L/AT 轿车、常用工具、工具车、零件车、标保工具车、垃圾桶等。

（5）安全防护：车轮挡块、室内三件套等。

（6）耗材：干净抹布。

(二) 操作步骤

1. 检查制动灯

（1）拆卸制动灯总成

（2）检查制动灯总成

将蓄电池(＋)引线连接到端子 2,(－)引线连接到端子 1。检查并确认制动灯是否亮起,正常情况下制动灯应亮起,如果结果不符合规定,则更换灯总成。

(3) 安装制动灯总成

2. 检查制动灯开关总成

(1) 拆卸制动灯开关总成

(2) 检查制动灯开关总成

① 制动信号灯开关插接器端子,如图 5-15(a)所示。

② 检查时分别按制动信号灯开关按下和未按下两种情况进行检查,如图 5-15(b)所示。

③ 制动开关内部原理,如图 5-15(c)所示。

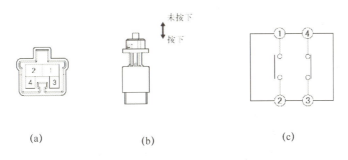

图 5-15 制动信号开关图

④ 据表 5-7 中的值测量电阻,如果结果不符合规定,更换制动灯开关总成。

表 5-7 标准电阻

检测仪连接	开关状态	规定状态
1—2	按下	10 kΩ
	未按下	小于 1 Ω
3—4	按下	小于 1 Ω
	未按下	10 kΩ 或更大

(3) 检查新的制动灯开关总成

① 检查新的制动灯开关零件号是否正确、外观是否完好,如图 5-16 所示。

图 5-16 检查零件号外观

② 选用万用表,将万用表打在"欧姆"挡,并对其较零,如图 5-17 所示。

图 5-17　较零

③ 使用万用表测量制动开关 1、2 号端子,并读取测量值,标准值为小于 1 Ω,如图 5-18 所示。

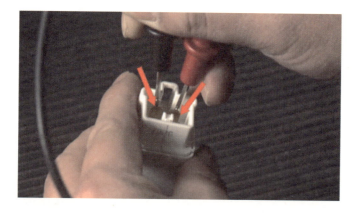

图 5-18　测量 1、2 号端子间电阻

④ 将制动开关的触头压到底,如图 5-19 所示。

图 5-19　按下制动开关触头

⑤ 读取测量值,标准值为 10 kΩ 或更大,如图 5-20 所示。

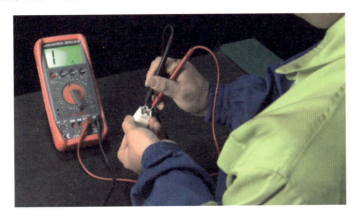

图 5-20　测量电阻

(4) 安装制动灯开关总成

四、任务小结

1. 制动灯电路识读

回顾图 5-11,识读制动信号灯控制电路。

2. 制动灯常见故障现象

制动灯常见故障现象如下:

(1) 踏下制动踏板,左、右制动灯均不亮;

(2) 踏下制动踏板,左、右制动灯只有一只亮;

(3) 不踏下制动踏板,左、右制动灯长亮或时亮时不亮。

制动灯不亮的常见故障原因有:熔断器烧坏、电路中存在开路或搭铁不良、开关损坏、灯泡损坏。对应的故障排除方法分别是:更换熔断器、检修电路、更换开关、更换相同的灯泡。

五、任务评价

(一) 课堂练习

1. 判断题

(1) 一般情况下,制动灯与尾灯共用灯泡,其功率为 50 kW 左右。　　　(　)

(2) 每个制动灯都各自带有一个保险丝。　　　(　)

(3) 踩下制动踏板,只有一侧制动灯被点亮,则可能是保险丝烧断。　　　(　)

2. 单选题

(1) 汽车信号系统的作用是:通过(　　)向其他车辆的司机和行人发出警示、引起注意,确保车辆行驶的安全。

　　A. 信号和灯光　　　　　　　　　B. 声响和报警信号

　　C. 灯光和报警信号　　　　　　　D. 声响和灯光

(2) 下面哪一种灯泡不属于信号系统的组成部分？（　　）

  A. 转向灯　　　　　　　　B. 室内顶灯

  C. 制动灯　　　　　　　　D. 危险警告灯

（二）技能评价

进行自我技能评价，完成表 5-8。

表 5-8　技能评价表

序号	内容	分值	得分
1	熟练拆卸制动灯总成	10	
2	正确检查制动灯总成	20	
3	熟练安装制动灯总成	10	
4	熟练拆卸制动灯开关总成	10	
5	正确检查制动灯开关总成	20	
6	正确检查新的制动灯开关总成	20	
7	熟练安装制动灯开关总成	10	
	总分	100	

注：操作正确即得分，操作错误或未进行操作即 0 分。

学习任务 3　喇叭及控制电路检修

一、任务目标

1. 认知喇叭结构。
2. 了解电喇叭工作原理。
3. 了解喇叭常见故障。
4. 规范完成喇叭及控制电路的检修工作。

二、知识准备

1. 喇叭结构

汽车喇叭是汽车行驶中的声响警示装置。在汽车的行驶过程中，驾驶员根据需要和规定发出必需的音响信号，警告行人和引起其他车辆注意，以保证交通安全，同时还用于催行和传递信号。汽车喇叭主要由膜片、衔铁、线圈、触点以及共鸣片等几部分组成，如图 5-21 所示。

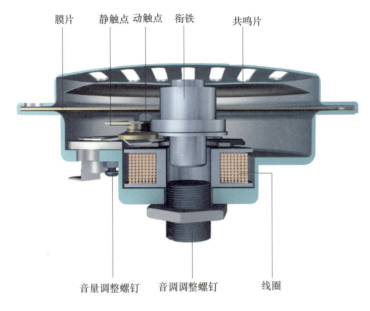

图 5-21 喇叭结构

2. 电喇叭工作原理

当按下汽车转向盘上的喇叭按钮时,就形成了电流通路:蓄电池正极→线圈→活动触点臂→触点→固定触点臂→按钮→搭铁→蓄电池负极。线圈通电产生吸力,上铁芯被吸与下铁芯撞击,产生较低的基本频率,并激励膜片及与膜片连成一体的共鸣板产生共鸣,从而发出比基本频率强得多而且分布比较集中的谐音。同时压下动触点臂,使触点分开以切断电路,电磁力消失。当铁心磁力消失后,衔铁又回到原位,触点重新闭合,电路再次接通。这样线圈中将流过时通时断的电流,因此振动膜片时吸时放,产生高频振动而发出音响。电喇叭工作原理如图 5-22 所示。

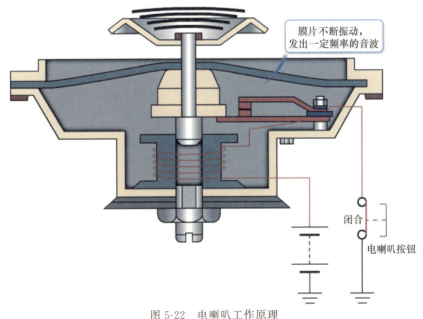

图 5-22 电喇叭工作原理

3. 喇叭常见故障

在很多有关喇叭的故障中,出现问题时往往是喇叭本身的故障,特别是某些汽车设计的喇叭安装位置存在缺陷,在下雨时很容易使喇叭被雨水淋湿,造成喇叭的损坏。常见的喇叭故障及原因分析如下。

(1) 有时不响。按喇叭开关,如果喇叭有时响,有时不响,多是喇叭内部的触点接触不好,有些也是喇叭本身的问题。

(2) 声音沙哑。多是由于插头接触不良,特别是转向盘周围的各个触点,由于使用频繁,容易使触点出现磨损。

(3) 完全不响。首先检查熔丝看是否熔断,然后拔下喇叭插头,用万用表测量在按喇叭开关时此处是否有电。如果没电,应检查喇叭线束和喇叭继电器;如果有电,则是喇叭本身的问题,此时也可以试着调节喇叭上的调节螺母看是否能发声,如果还是不响,则需要更换喇叭。

4. 电喇叭故障分析

喇叭不响是电气中的常见问题,遇到此类问题时,首先确认汽车电源系统工作正常,然后进一步检测喇叭电路,2007款卡罗拉1.6 L自动GL喇叭信号控制电路如图5-23所示。

查看喇叭的电路原理,如果喇叭不发声,故障原因可能在电路中的保险丝、喇叭继电器、喇叭按钮处,其中任何一处出现故障,均可能导致喇叭电路断路,引起喇叭不响。另外,两侧喇叭不响,还有可能是因为连接线路松动或两侧喇叭同时坏掉,这种情况发生的概率较低,但也要考虑在内。

归纳起来,喇叭不响的故障原因主要有:(1)喇叭按钮故障;(2)保险丝故障;(3)喇叭继电器故障;(4)螺旋电缆故障;(5)连接线路故障;(6)喇叭本身故障。

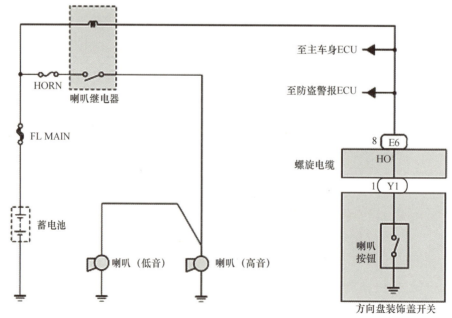

图5-23 2007款卡罗拉1.6 L自动GL喇叭信号控制电路

三、任务实施

(一)实施方案

1. 质量要求

参照厂家的质量标准要求。

2. 组织方式

每四位同学一组,检修卡罗拉车上的喇叭,按照企业岗位操作规范进行作业。每组作业时间为 30 分钟。

3. 作业准备

(1)技术要求与标准

- 严格按照安全操作规程,熟练快速地检查汽车喇叭。
- 在检测过程中使用蓄电池时,不要将检测仪的正极和负极探针离得太近,以免发生短路。

(2)设备器材

设备器材如图 5-24 所示。

图 5-24 常用工具(一套)

(3)场地设施:理实一体化教室、废气排放装置、消防设施等。

(4)设备设施:2007 款卡罗拉 1.6 L/AT 轿车、常用工具、工具车、零件车、标保工具车、垃圾桶等。

(5)安全防护:车轮挡块、室内三件套等。

(6)耗材:干净抹布。

(二)操作步骤

1. 检查喇叭按钮

从车辆拆下方向盘装饰盖,目视检查,方向盘装饰盖上的喇叭按钮接触片是否变形或烧蚀损坏,如图 5-25 所示。如有变形,则换上新的方向盘装饰盖。

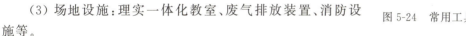

图 5-25 检查喇叭按钮

2. 检查保险丝

（1）打开发动机舱中的继电器盒盖，找到喇叭继电器，继电器的具体位置可查阅继电器盒盖内侧上的分布图，然后用熔断器夹将其取下。

（2）目测熔断器是否烧坏，如果无法目测，则选用数字万用表测量熔断器两插脚之间的电阻。如测得的阻值为0，则说明熔断器已烧坏，需要进行更换。

3. 检查喇叭继电器

从发动机舱的继电器盒中拆下集成继电器，如图5-26所示，参照表5-9中的值测量电阻。如果检测的结果不符合以上标准，则更换集成继电器。

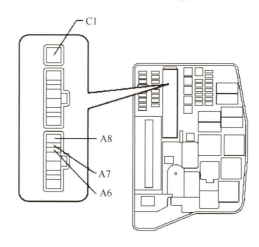

图5-26　端子

表5-9　标准电阻

检测仪连接	条件	规定状态
C1—A8	蓄电池电压没有施加在端子A6和A7上时	10 kΩ 或更大
C1—A8	蓄电池电压施加在端子A6和A7上时	小于1 Ω

4. 检查螺旋电缆

（1）拆卸螺旋电缆

（2）检查螺旋电缆

① 目测观察连接器或者螺旋电缆上是否有划痕、裂缝、凹痕或碎片。如果有，则需要换上新的螺旋电缆。

② 检查螺旋电缆。参照表5-10中的值测量电阻，如果数值不在规定的范围内，则需要更换螺旋电缆。

注意事项

为避免螺旋电缆损坏，转动螺旋电缆时不要超过必要的圈数。

表 5-10 标准电阻

检测仪连接	条件	规定状态
Y1-1—E6-8(HO)	中央	小于 1 Ω
	向左转 2.5 圈	
	向右转 2.5 圈	
Y1-1—E6-3(CCS)	中央	小于 1 Ω
	向左转 2.5 圈	
	向右转 2.5 圈	
Y1-2—E6-4(ECC)	中央	小于 1 Ω
	向左转 2.5 圈	
	向右转 2.5 圈	
Y1-5—E6-12(IL+2)	中央	小于 1 Ω
	向左转 2.5 圈	
	向右转 2.5 圈	
Y1-8—E6-4(EAU)	中央	小于 1 Ω
	向左转 2.5 圈	
	向右转 2.5 圈	
Y1-9—E6-5(AU2)	中央	小于 1 Ω
	向左转 2.5 圈	
	向右转 2.5 圈	
Y1-10—E6-6(AU1)	中央	小于 1 Ω
	向左转 2.5 圈	
	向右转 2.5 圈	
Y3-1—E-2(D−)	中央	小于 1 Ω
	向左转 2.5 圈	
	向右转 2.5 圈	
Y3-2—E7-1(D+)	中央	小于 1 Ω
	向左转 2.5 圈	
	向右转 2.5 圈	

(3)安装螺旋电缆

螺旋电缆端子如图 5-27 所示。

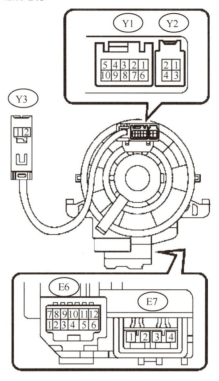

图 5-27　螺旋电缆端子

5. 检查线束

(1)轻轻地上下或者左右摆动电气配线以检查故障。主要检查接头的根部,查看导线是否从端子中脱开,如果有这种情况,需要进行紧固或者更换新的配线。

(2)断开插接器,查看线头是否被锈蚀或腐蚀,如果有,则需要更换新的配线。

6. 检查电喇叭

(1)拆卸散热器上空气导流板

拆下 6 个卡子和散热器上空气导流板,如图 5-28 所示。

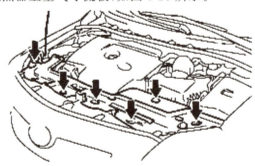

图 5-28　拆卸散热器上空气导流板

（2）拆卸散热器格栅防护罩
拆下2个散热器格栅防护罩。
（3）拆卸前保险杠总成
① 沿前保险杠总成四周粘贴保护性胶带。
② 拆下6个螺钉、2个螺栓和3个卡子，如图5-29所示。

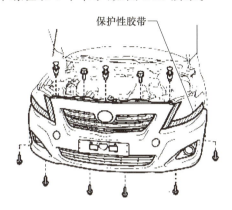

图5-29　检测传感器搭铁电路

> **注意事项**
>
> 带有前大灯清洗器系统的需排空清洗液。

（4）拆卸低音喇叭总成
① 断开连接器。
② 拆下螺栓和低音喇叭总成。
（5）检查低音喇叭总成
① 参照图5-30连接蓄电池与低音喇叭总成，如果喇叭鸣响，则说明其工作正常。
② 按照相同方式检查高音喇叭。

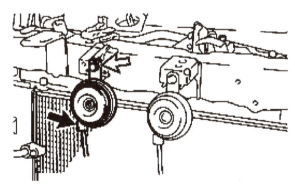

图5-30　检查低音喇叭总成

（6）安装高、低音喇叭
按拆卸时相反顺序安装高、低音喇叭，如图5-31所示。
当诊断与维修工作结束后，用洁净的布将工具擦干净并放回工具箱，将废弃物分门别类放入相应的垃圾桶，将工作现场打扫干净。

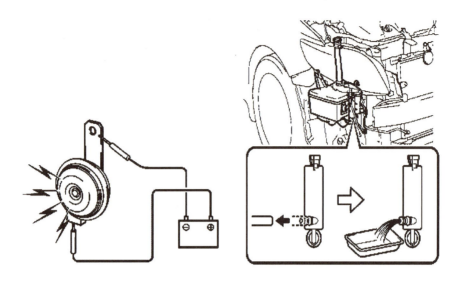

图 5-31　安装高低音喇叭

四、任务小结

1. 喇叭结构

汽车喇叭主要由膜片、衔铁、线圈、触点以及共鸣片等几部分组成。

2. 喇叭常见故障

常见的喇叭故障如下：

（1）有时不响；

（2）声音沙哑；

（3）完全不响。

3. 喇叭不响故障原因

喇叭不响的故障原因主要有：(1) 喇叭按钮故障；(2) 保险丝故障；(3) 喇叭继电器故障；(4) 螺旋电缆故障；(5) 连接线路故障；(6) 喇叭本身故障。

4. 喇叭信号控制电路

回顾图 5-23，识读喇叭信号控制电路。

五、任务评价

（一）课堂练习

1. 判断题

（1）喇叭常见故障有：有时不响、声音沙哑和完全不响三种。　　　　　　　　（　　）

（2）喇叭的音量越大越好。　　　　　　　　（　　）

2. 单选题

（1）造成喇叭不响的故障原因有（　　）。

　　A. 喇叭按钮故障　　　　B. 熔断丝烧断

　　C. 继电器故障　　　　　D. 以上都正确

(2) 安装喇叭时标有字母"H"的是表示(　　)。
    A. 低音喇叭　　　　　B. 双线制喇叭
    C. 高音喇叭　　　　　D. 气喇叭
(3) 电喇叭继电器搭铁或继电器触点烧结,均会导致电喇叭(　　)。
    A. 不响　　　　　　　B. 声音异常
    C. 音量过小　　　　　D. 长鸣

(二) 技能评价

进行自我技能评价,完成表 5-11。

表 5-11　技能评价表

序号	内容	分值	得分
1	能正确选用正确的工具进行相关数据的测量	10	
2	检查喇叭按钮	10	
3	检查保险丝	10	
4	检查喇叭继电器	10	
5	检查螺旋电缆	10	
6	检查线束	10	
7	拆卸喇叭	10	
8	检查电喇叭	20	
9	安装喇叭	10	
	总分	100	

注:操作正确即得分,操作错误或未进行操作即 0 分。

项目六

辅助电气设备检修

 项目描述

　　汽车电气设备除了前面任务中介绍的电源系统、起动系统、照明与信号系统和空调系统之外,还包括辅助电气设备,例如雨刮器、中控门锁、电动车窗和电动后视镜、电动座椅等,它们提高了汽车行驶的安全性、可靠性和舒适性。

　　本项目主要是通过检查雨刮器、电动车窗、中控门锁、电动座椅和电动后视镜的实践操作,认知这些辅助电气设备的构造和工作原理以及相应的检修方法。

 学习目标

1. 认知辅助电气设备的结构和工作原理。
2. 了解辅助电气设备的常见故障现象和原因。
3. 按照标准工艺流程,完成相应的辅助电气设备的检修作业项目。

项目六 辅助电气设备检修

项目任务

学习任务1　雨刮系统检修
学习任务2　电动车窗检修
学习任务3　中控门锁检修
学习任务4　电动座椅检修
学习任务5　电动后视镜检修
学习任务6　安全气囊检修

学习任务1　雨刮系统检修

一、任务目标

1. 叙述雨刮器的结构和工作原理。
2. 按照标准工艺流程对雨刮器进行检修。

二、知识准备

1. 雨刮器

为了保证雨、雪天时驾驶员有良好的视线,汽车上都装有刮水器。电动刮水器的结构如图 6-1 所示。

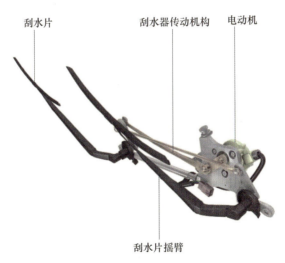

图 6-1　电动刮水器结构

刮水器电动机主要由电枢、永久磁铁、电刷、触点、涡轮、铜环组成,如图 6-2 所示。

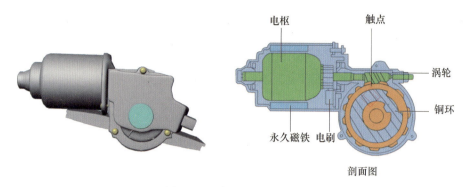

图 6-2 刮水器电动机组成

2. 刮水器的工作原理

通过控制刮水器开关,可实现刮水器的停机复位、低速运转、高速运转、间歇运转、间歇控制和喷水器工作,其工作过程如下。

如果在任意时刻刮水结束后,刮水片没有停到适当位置,则自动复位开关触片将接触,电路继续流入电枢,其电路为蓄电池(+)→电源开关→刮水器电动机→刮水器开关→自动复位触片→打铁→蓄电池(−),此时电动机仍以低速运行。当刮水片摆到适当位置后,自动复位触片分离,切断电动机的搭铁线,电动机迅速停止运转,使刮水片复位到风窗玻璃的下部。

电源开关接通后,当刮水器开关置于"LO"挡时,电流从蓄电池(+)→电源开关→熔断器→刮水器电动机→刮水器开关→自动复位触片→打铁→蓄电池(−),刮水器电动机通电。因为电路中与刮水器电动机串联的电枢绕组较多,电枢在永久磁场作用下低速运转。刮水器低速挡电路如图 6-3 所示。

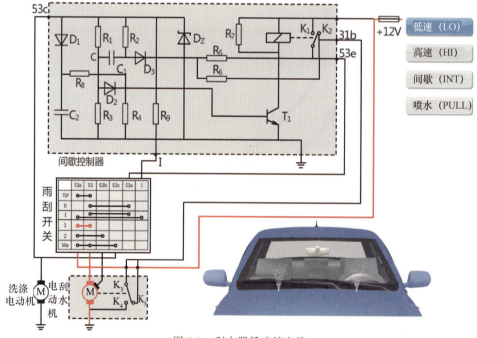

图 6-3 刮水器低速挡电路

电源开关接通后,当刮水器开关置于"HL"挡时,电流从蓄电池(+)→电源开关→熔断器→刮水器开关→刮水器电动机→搭铁→蓄电池(-),刮水器电动机通电。因为电路中与刮水器电动机串联的电枢绕组减少,电枢在永久磁场作用下高速运转。刮水器高速挡电路如图6-4所示。

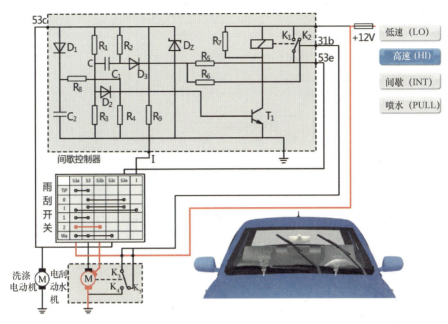

图6-4 刮水器高速挡电路

电源开关接通后,当刮水器开关置于"INT"挡时,刮水器电动机就在间歇继电器的控制下工作,此时电路为蓄电池(+)→电源开关→熔断器→间歇继电器→刮水器电动机→打铁→蓄电池(-),刮水器电动机通电,按每2~12 s刮水一次的规律自动停止和刮水。刮水器间歇挡电路如图6-5所示。

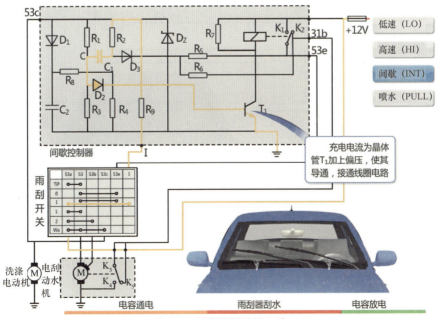

图6-5 刮水器间歇挡电路

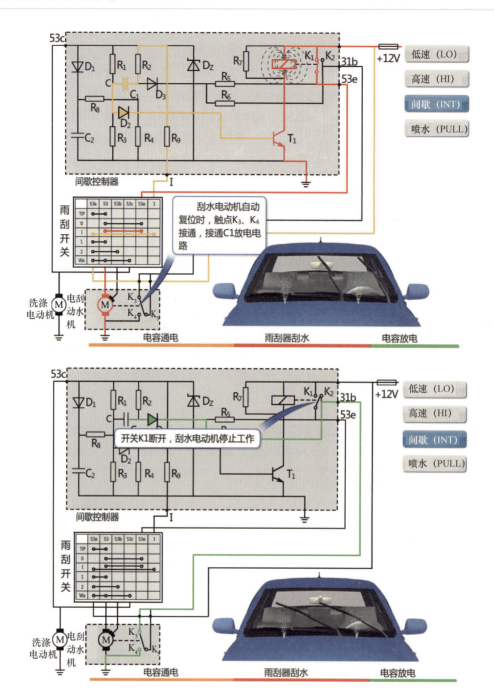

图 6-5 刮水器间歇挡电路(续)

电源开关接通后,当刮水器开关置于"PULL"挡时,刮水器电动机就在间歇继电器的控制下工作,此时电路为蓄电池(+)→电源开关→熔断器→刮水器开关→刮水器电动机,洗涤电动机→搭铁→蓄电池(-),刮水器电动机通电,按每 2~12 s 刮水一次的规律自动停止和刮水。刮水器喷水挡工作电路如图 6-6 所示。

项目六　辅助电气设备检修

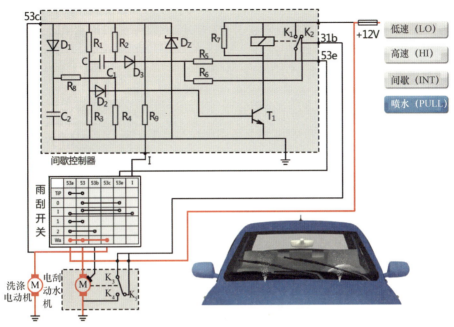

图 6-6　刮水器喷水挡工作电路

3．雨刮器常见故障现象

雨刮器不工作是电气部分的典型故障，雨刮器不工作有四个典型故障现象，如图 6-7 所示。

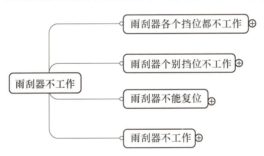

图 6-7　雨刮器常见故障现象

当发现雨刮器不工作时，主要的故障原因可能如下：

（1）熔断器断路；

（2）雨刮开关损坏；

（3）雨刮电动机烧毁；

（4）机械传动部分连接处锈蚀或松脱；

（5）控制线路有断路或短路。

三、任务实施

（一）实施方案

1．质量要求

参照厂家的质量标准要求。

2. 组织方式

每四位同学一组,检修 2007 款卡罗拉 1.6 L/AT 车上的雨刮器,按照企业岗位操作规范进行作业。每组作业时间为 90 分钟。

3. 作业准备

(1) 技术要求与注意事项

① 注意万能表使用中,挡位的正确选择。

② 使用电路图册时,要注意避免破损,电路图应与使用车型相对应。

③ 一般来说,汽车蓄电池电源线搭铁电源为 12 V,发电机正常输出电压不超过 14 V。

④ 注意电气线路在操作过程中的短路。

⑤ 维修手册所述的其他相关要求。

(2) 设备器材

设备器材如图 6-8 所示。

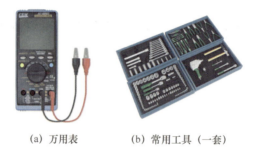

(a) 万用表　　(b) 常用工具（一套）

图 6-8　设备器材

(3) 场地设施:理实一体化教室、废气排放装置、消防设施等。

(4) 设备设施:2007 款卡罗拉 1.6 L/AT 轿车、常用工具、工具车、零件车、标保工具车、垃圾桶等。

(5) 安全防护:车轮挡块、室内三件套等。

(6) 耗材:干净抹布、常用工具、试灯、导线、汽车电路图册、汽车维修手册等。

(二) 操作步骤

1. 检测熔断器

打开驾驶室中的仪表板接线盒,选用缠有保护胶带的一字螺丝刀撬开仪表板接线盒装饰盖,找到雨刮保险丝,然后用熔断器夹将其取下,操作如图 6-9、图 6-10 所示。

图 6-9　打开仪表板接线盒

图 6-10　找到雨刮保险丝

目测熔断器是否烧坏，如果无法目测，则选用数字万用表测量熔断器两插脚之间的电阻。如测得的阻值为 0，则说明熔断器已烧坏，需要进行更换，烧坏的与完好的保险丝分别如图 6-11、图 6-12 所示。

图 6-11　烧坏的保险丝　　　　　　　　图 6-12　完好的保险丝

更换熔断器之前，先要查清电路是否过载。如果有则先要进行排除，否则新换的熔断器将很快也会被熔断。

2. 检查雨刮电动机

将雨刮电动机拆下来，测试各个挡位运转是否正常、运转速度是否正常、能否停止在规定位置，如果上述测试中有一项没通过，则更换雨刮电动机。

（1）雨刮电动机拆卸

① 选用一字螺丝刀，用胶布将螺丝刀头部包好，然后拆卸刮水器臂端盖，如图 6-13 所示。

图 6-13　拆卸刮水器臂端盖

② 选用 14 mm 套筒、棘轮扳手，拆卸刮水器臂锁止螺母，然后拆下刮水器臂和刮水片总成，如图 6-14 所示。

③ 脱开 7 个卡子并拆下发动机盖至前围上板密封，如图 6-15 所示。

注意事项

拆卸时注意密封条上的卡扣不要掉。

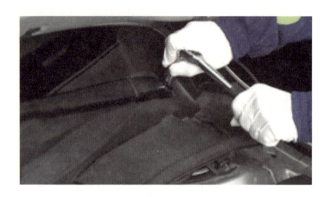

图 6-14 拆卸刮水器臂和刮水片总成

图 6-15 拆下发动机盖至前围上板密封

④ 脱开卡子和 14 个卡爪,并拆下右前围板上通风栅板,用同样的方式拆下左前围板上通风栅板,如图 6-16 所示。

图 6-16 拆下左前围前围板上通风栅板

> **注意事项**
>
> 在拆卸时不要碰到前挡风玻璃,以免造成不必要的损失。

⑤ 松开雨刮电动机线束固定卡夹,断开线束连接器,如图 6-17 所示。

项目六　辅助电气设备检修

图 6-17　断开线束连接器

⑥ 选用 10 mm 套筒、棘轮扳手,拆下 2 个螺栓和挡风玻璃雨刮电动机和连杆总成,如图 6-18 所示。

图 6-18　拆下雨刮电动机和连杆总成

(2) 雨刮电动机检查

① 检查刮水器的零件号是否完整、是否完好。找到刮水器电动机的线束端,按后续检测方法对刮水器电动机进行检查,如图 6-19 所示。

 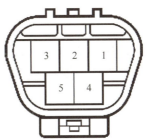

图 6-19　检查刮水器电动机

② 检查 LO 操作。

• 将蓄电池正极引线连接至端子 5,将蓄电池负极引线连接至端子 4,检查并确认电动机低速运行,如图 6-20 所示。

• 正常:电动机低速(LO)运行。

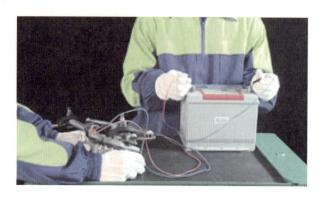

图 6-20 检查 LO 操作

③ 检查 HI 操作。

• 将蓄电池正极引线连接至端子 3,将蓄电池负极引线连接至端子 4,检查并确认电动机高速运行,如图 6-21 所示。

• 正常:电动机高速(HI)运行。

图 6-21 检查 HI 操作

④ 检查自动停止运行。

• 将蓄电池正极引线连接至端子 5,将蓄电池负极引线连接至端子 4,电动机低速旋转时,断开端子 5,使雨刮电动机停止在除自动停止位置外的任何位置,如图 6-22 所示。

图 6-22 检查自停止运行

项目六　辅助电气设备检修

- 用 SST 连接端子 1 和端子 5,然后将蓄电池正极引线连接至端子 2,将蓄电池负极引线连接至端子 4,以使电动机以低速重新起动(SST 09843—18040),如图 6-23 所示。
- 检查并确认电动机在自动停止位置自动停止。
- 正常:电动机在自动停止位置自动停止。

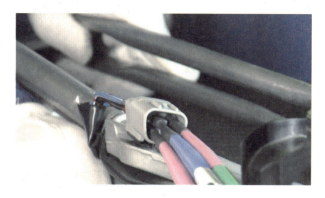

图 2-23　连接各端子

- 如果结果不符合规定,则更换电动机总成。

注意事项

◇ 注意专用测试线的选择和使用。
◇ 确认各端子的正确连接。

(3) 雨刮电动机安装

① 安装挡风玻璃雨刮电动机和连杆总成。

- 对准挡风玻璃雨刮电动机和连杆总成安装位置,安装 2 个固定螺栓,如图 6-24 所示。
- 选用 10 mm 套筒、接杆、扭力扳手,以规定扭矩(5.4 N·m)紧固 2 个固定螺栓。

图 6-24　安装电动机和连杆总成

② 安装挡风玻璃刮水器电动机线束连接器。

- 插接雨刮电动机线束连接器,如图 6-25 所示。
- 卡上固定卡夹。

③ 安装左前、右前围板上通风栅板。

- 接合卡子和 8 个卡爪,并安装左前围板上通风栅板,如图 6-26 所示。

· 137 ·

图 6-25　安装电动机线束连接器

• 用同样的方法安装右前围板上通风栅板。

图 6-26　安装左前、右前围板上通风栅板

④ 安装发动机盖至前围上板密封。

• 接合 7 个卡子并安装发动机盖至前围上板密封,如图 6-27 所示。

图 6-27　安装发动机盖至前围上板密封

⑤ 安装刮水器臂和刮水片总成。

• 对准安装位置安装。

• 选用 14 mm 套筒、接杆、扭力扳手,以 26 N·m 的扭矩紧固刮水器臂和刮水片总成固定螺栓,如图 6-28 所示。

- 依次安装左前、右前 2 个刮水器臂端盖。

图 6-28　安装刮水器臂和刮水片总成

3. 检查雨刮器开关

经过以上步骤的检查,雨刮器仍然不工作,则可能是雨刮开关有故障,将雨刮开关从转向柱上拆下来进行检测,如果有故障,则更换雨刮开关总成。

（1）雨刮开关总成拆卸

① 前轮对准直行位置。

② 正确使用工具断开蓄电池负极端子电缆,如图 6-29 所示。

图 6-29　拆卸雨刮开关总成

注意事项

断开蓄电池电缆后至少要等待 90 秒,防止气囊展开。

③ 拆卸转向盘装饰盖。

- 拆卸转向盘下盖

扶住转向盘 3 号下盖下侧,用缠有保护胶带的一字螺丝刀沿 3 号下盖上侧接缝中部撬开卡爪,取下转向盘 3 号下盖,如图 6-30 所示。

用相同的方法拆卸转向盘 2 号下盖。

图 6-30　拆卸转向盘下盖

- 松开转向盘装饰盖固定螺钉

选用"TORX"T30 梅花套筒松开转向盘装饰盖 2 个"TORX"梅花螺钉,直至螺钉边沿的凹槽与螺钉座齐平。

从转向盘总成中拉出转向盘装饰盖,并且用一只手支撑转向盘装饰盖,如图 6-31 所示。

图 6-31　松开转向盘装饰盖固定螺钉

- 断开转向盘装饰盖上线束连接器

使用头部缠有保护性胶带的螺丝刀,松开安全气囊连接器的锁扣,断开线束连接器,如图 6-32 所示。

在转向盘装饰盖上断开喇叭连接器,取下转向盘装饰盖。

④ 拆卸转向盘总成。

- 握紧转向盘,选用 19 mm 套筒、接杆、指针式扭力扳手松开转向盘总成固定螺母。
- 在转向盘总成和转向主轴上做装配标记。
- 按照维修手册规定,选用 SST(转向盘拆卸专用拉器)拆卸转向盘总成,如图 6-33 所示。

图 6-32 断开转向盘装饰盖上线束连接器

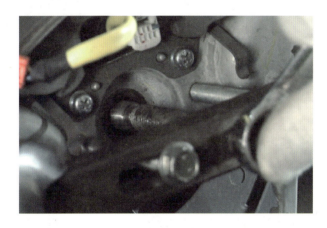

图 6-33 拆卸转向盘总成

⑤ 拆卸带转向角传感器的螺旋电缆。

• 拆卸转向柱罩

用手拉动下转向柱罩的左右两侧,脱开上、下转向柱罩固定卡爪,如图 6-34 所示。拆下下转向柱罩和上转向柱罩。

图 6-34 拆卸转向柱罩

- 断开带转向角传感器的螺旋电缆连接器

按下带转向角传感器的螺旋电缆连接器锁扣,依次分离两个连接器,如图 6-35 所示。

图 6-35 分离连接器

- 拆卸带转向角传感器的螺旋电缆

依次脱开螺旋电缆 3 个固定卡爪,拆下带转向角传感器的螺旋电缆,如图 6-36 所示。

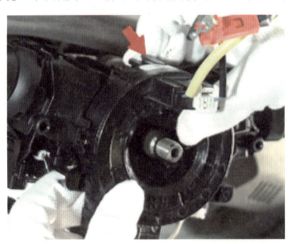

图 6-36 拆卸带转角传感器的螺旋电缆

⑥ 拆卸挡风玻璃雨刮开关

- 断开挡风玻璃雨刮开关连接器

按下挡风玻璃雨刮开关连接器锁扣,依次分离两个连接器,如图 6-37 所示。

- 拆卸挡风玻璃雨刮开关

选用头部缠有胶布的螺丝刀,按下挡风玻璃雨刮开关固定锁扣,分离并拆下挡风玻璃雨刮开关,如图 6-38 所示。

(2) 雨刮开关检查

① 选用数字万用表检测雨刮开关,如图 6-39 所示,根据表 6-1 中的值测量电阻。若测得的阻值与标准不相符,则更换雨刮开关总成。

项目六　辅助电气设备检修

图 6-37　断开挡风玻璃雨刮开关连接器

图 6-38　拆卸挡风玻璃雨刮开关

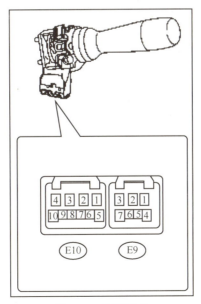

图 6-39　雨刮开关

表 6-1　雨刮开关规定状态电阻值

检测仪连接	开关状态	规定状态
E10-1(＋S)—E10-3(＋1)	INT	小于 1 Ω
	OFF	
E10-2(＋B)—E10-3(＋1)	MIST	
	LO	
E10-2(＋B)-E10-4(＋2)	HI	

② 选用数字万用表检测清洗器开关,根据表 6-2 中的值测量电阻。若测得的阻值与标准不相符,则更换雨刮开关总成。

表 6-2　标准电阻

检测仪连接	开关状态	规定状态
E9-2(EW)—E9-3(WF)	ON	小于 1 Ω
	OFF	10 kΩ 或更大

(3) 雨刮开关安装

① 安装挡风玻璃刮水器开关

• 对准组合开关安装位置,安装挡风玻璃刮水器开关,并使固定锁扣锁止牢固,如图 6-40 所示。

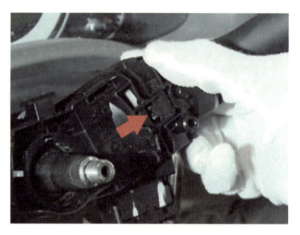

图 6-40　安装挡风玻璃刮水器开关

• 依次插接挡风玻璃刮水器开关两个线束连接器,确保连接器锁止可靠,如图 6-41 所示。

② 安装带转向角传感器的螺旋电缆

• 安装带转向角传感器的螺旋电缆

检查并确认车辆前轮正对前方,将转向信号灯开关置于空挡位置,如图 6-42 所示。

确认安装位置,安装带转向角传感器的螺旋电缆,依次接合 3 个固定卡爪,确保螺旋电缆安装牢固。

• 连接带转向角传感器的螺旋电缆连接器依次插接螺旋电缆的两个线束连接器,确保连接器锁止可靠。

项目六　辅助电气设备检修

图 6-41　插入刮水器两个线束

图 6-42　检查转向信号灯开关置于空挡位置

- 安装转向柱罩

对好上、下转向柱罩安装位置,安装上、下转向柱罩,如图 6-43 所示。
接合上、下转向柱罩的固定卡爪,使上、下转向柱罩完全配合。

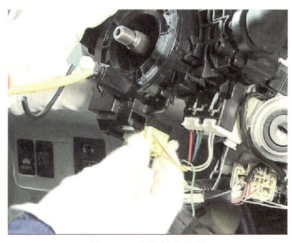

图 6-43　安装转向柱罩

③ 安装转向盘总成

• 调整螺旋电缆至合适位置,对准转向盘总成和转向主轴上的装配标记,将转向盘压入。

• 旋入转向盘固定螺母。

• 选用 19 mm 套筒、接杆、扭力扳手,以维修手册规定 50N·m 的扭矩紧固转向盘固定螺母,如图 6-44 所示。

图 6-44　安装转向盘总成

④ 安装转向盘装饰盖

• 安装转向盘装饰盖

用一只手支撑转向盘装饰盖,将气囊连接器连接至转向盘装饰盖上,并保证锁扣锁上可靠。

将喇叭线束连接器连接到转向盘装饰盖上,保证连接到位。

对好转向盘装饰盖安装位置,将转向盘装饰盖安装在转向盘总成上。

向下轻压转向盘装饰盖,使用 T30 梅花套筒对称紧固转向盘装饰盖 2 个固定螺钉。

• 安装转向盘下盖

对准卡爪位置,将转向盘 3 号下盖推入到位。

⑤ 检查转向盘装饰盖及中心点

• 检查喇叭

确认点火开关处于 OFF 位置,连接蓄电池负极电缆,按喇叭开关,确定喇叭可以鸣响。

• 检查转向盘中心点

再次确认两前轮处于直行时,转向盘处于中心点。

4. 检查机械传动部分

机械传动部分主要检查连杆总成是否与雨刮器松脱,如有,应紧固。检查部件连接处是否锈蚀,应及时清理并涂抹润滑脂。

5. 检查控制线路

经过以上步骤的检测与维修之后,如果雨刮还是不工作,则故障点位于控制线路上。线路故障常见为:连接器接头松动或断开、线头锈蚀以及导线断路等,如果发现上述情况,应进行紧固或更换。

四、任务小结

1. 雨刮器的结构

回顾图 6-1,熟练掌握雨刮器的结构。

2. 雨刮器工作原理

刮水器刮水片的摆动速度由刮水电动机转速决定。电动机通过改变正负电刷之间串联的线圈数,实现变速。

3. 雨刮器常见故障现象

雨刮器不工作是电气部分的典型故障,雨刮器不工作有四个典型故障现象,见图 6-7。

4. 雨刮器检修

(1) 检查熔断器。

(2) 检查雨刮开关。

(3) 检查雨刮电动机。

(4) 检查机械传动部分。

(5) 检查控制线路。

五、任务评价

(一) 课堂练习

1. 判断题

(1) 晴天刮除挡风玻璃上的灰尘时,应先接通刮水器,再接通洗涤器。 (　　)

(2) 拆卸雨刮开关时,断开蓄电池负极端子后至少要等 60 秒再进行后续操作。(　　)

(3) 顺时针自动停止器盖可延长雨刮片停止位置。 (　　)

2. 单选题

(1) 汽车上的电动刮水器都设有(　　)。

  A. 自动复位装置   B. 计算机控制装置

  C. 自动断水装置   D. 自动开启装置

(2) 若雨刮器低速挡不工作,则不需要检查的项目是(　　)。

  A. 保险丝   B. 雨刮电动机

  C. 雨刮开关   D. 雨刮系统控制线路

(3) 以卡罗拉为例,检查雨刮电动机 LO 位操作时,需对电动机连接器哪两个端子供电?(　　)。

  A. 端子 2,端子 3   B. 端子 3,端子 4

  C. 端子 3,端子 5   D. 端子 4,端子 5

(4) 以卡罗拉为例,当雨刮开关置于高速挡时,端子 E10-2 与 E10-4 之间的正常电阻值为(　　)。

A. 小于 1 Ω B. 1 Ω
C. 大于 1 Ω D. ∞

(5) 以卡罗拉为例,打开清洗器开关时,端子 E9-2 与 E9-3 之间的正常电阻值为（　　）。

A. 小于 1 Ω B. 1 Ω
C. 大于 1 Ω D. ∞

(6) 打开喷水器开关,雨刮器会自动刮水几次？（　　）。

A. 1～2 次 B. 2～3 次
C. 3～4 次 D. 4～5 次

(二) 技能评价

进行自我技能评价,完成表 6-3。

表 6-3　技能评价表

序号	内容	分值	得分
1	按规定时间完成项目作业	5	
2	能选用适当的工具	10	
3	能正确排除熔断器故障	15	
4	能正确拆卸检查雨刮电动机	20	
5	能正确拆卸检查雨刮开关总成	15	
6	能正确排除机械传动部分故障	15	
7	能正确排除线路及开关故障	15	
8	检查故障是否排除并及时清理工具和工作现场	5	
	总分	100	

注:操作正确即得分,操作错误或未进行操作得 0 分。

学习任务 2　电动车窗检修

一、活动目标

1. 熟知电动车窗的组成。
2. 了解电动车窗的工作原理。
3. 掌握电动车窗的维修步骤,并能进行规范操作。

二、知识准备

1. 电动车窗的组成

电动车窗一般由玻璃及升降器、车窗、直流电动机和直流开关组成,如图 6-45 所示。

项目六　辅助电气设备检修

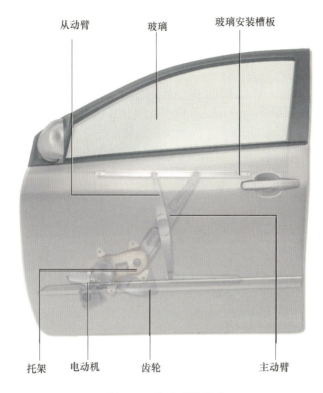

图 6-45　电动车窗组成

2. 电动车窗的工作原理

汽车的每个车窗都装有一个电动机,通过直流开关控制电流的方向,电动车窗中的电动机带动齿轮转动,通过升降机使车窗实现上升和下降,电动车窗的工作原理如图 6-46 所示。

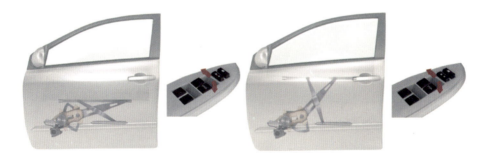

图 6-46　电动车窗的工作原理

所有车窗都装有两套控制开关:一套装在驾驶座车门上,为总开关,由驾驶员控制;另一套分别装在每个车门上,由乘客进行控制。每个车窗都通过总开关搭铁,所以电流不但通过每个车窗上的分开关,还通过总开关上的相应开关,电动车窗的电路如图 6-47 所示。

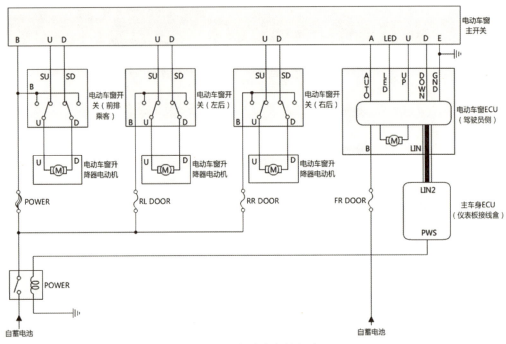

图 6-47 电动车窗的电路

三、任务实施

(一) 实施方案

1. 质量要求

参照厂家的质量标准要求。

2. 组织方式

每四位同学一组,检修卡罗拉车上的电动车窗,按照企业岗位操作规范进行作业。每组作业时间为 90 分钟。

3. 作业准备

(1) 技术要求与标准

- 注意万用表使用中,挡位的正确选择(按指导老师要求)。
- 注意电气线路在操作过程中的短路。
- 安装好车轮挡块、使用空挡和驻车制动。
- 安装好前栅格布和翼子板布及护套。

(2) 设备器材

设备器材如图 6-48 所示。

(3) 场地设施:理实一体化教室、废气排放装置、消防设施等。

(4) 设备设施:2007 款卡罗拉 1.6 L/AT 轿车、常用工具、工具车、零件车、标保工具车、垃圾桶等。

(5) 安全防护:车轮挡块、室内三件套等。

(6) 耗材:干净抹布、汽车电路图册、汽车维修手册等。

项目六　辅助电气设备检修

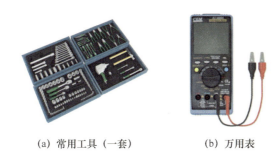

(a) 常用工具（一套）　　(b) 万用表

图 6-48　工具设备

(二) 操作步骤

1. 电动车窗电路检修

检测电动车窗电路线路有无松动,连接处有无腐蚀,如果异常,及时紧固或修复。

(1) 检查电动车窗开关电源电路(前排乘客侧)

断开线束连接器 H7,选用数字万用表,检查线束连接器中端子 3 与车身搭铁之间的电压值,如图 6-49 所示。标准电压值应为 11～14 V,如果所测得的阻值不符合标准,则更换线束或连接器。

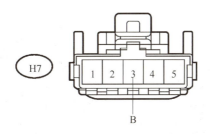

图 6-49　断开线束连接器 H7

(2) 检查电动车窗开关至电动机间的线路(前排乘客侧)

断开连接器 H7 和 H8,如图 6-50 所示。选用数字万用表进行测量,如果测得的数据与表 6-4 的标准数据不符,则更换线束。

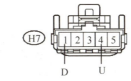

(a) 线束连接器前视图：(至电动车窗开关)

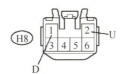

(b) 线束连接器前视图：(至电动车窗升降器电动机)

图 6-50　线束连接器 H7、H8

表 6-4　标准电阻

检测仪连接	条件	规定状态
H7-4（U）—H8-2（U）	始终	<1 Ω
H7-1（D）—H8-1（D）	始终	<1 Ω
H7-4（U）—车身搭铁	始终	10 kΩ 或更大
H7-1（D）—车身搭铁	始终	10 kΩ 或更大

2. 电动车窗开关检修

（1）拆卸电动车窗开关

① 拆卸前扶手座上板

使用头部缠有保护胶带的螺丝刀，脱开 2 个卡子和 6 个卡爪，拆下前扶手座上板，如图 6-51 所示。

断开连接器。

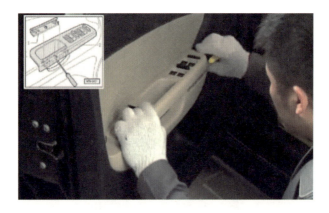

图 6-51　拆卸前扶手座上板

② 拆卸电动车窗升降器开关总成（前排乘客侧）

使用头部缠有保护胶带的螺丝刀，脱开 2 个卡爪并拆下电动车窗升降器开关总成，如图 6-52 所示。

图 6-52　拆卸电动车窗升降器开关总成

（2）检查电动车窗开关（前排乘客侧）

选用数字万用表测量各端子之间的电阻值并记录数据，如图 6-53 所示。操作开关时，根据表 6-5 中的数值测量电阻。如果测得的电阻值不符合标准，则更换电动车窗开关。

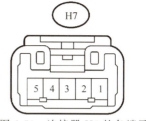

图 6-53 连接器 H7 的各端子

表 6-5 标准电阻

检测仪连接	开关状态	规定状态
1(D)—2(SD)	UP	小于 1Ω
3(B)—4(U)	UP	小于 1Ω
1(D)—2(SD)	OFF	小于 1Ω
4(U)—5(SU)	OFF	小于 1Ω
4(U)—5(SU)	DOWN	小于 1Ω
1(D)—3(B)	DOWN	小于 1Ω

（3）安装电动车窗开关

按拆卸电动车窗开关时的相反操作步骤安装电动车窗开关。

3. 电动车窗电动机检修

（1）拆卸电动机（前排乘客侧）

① 从蓄电池负极端子断开电缆。

② 拆卸前门内把手框。使用头部缠有保护胶带的螺丝刀，脱开 3 个卡爪并拆下前门内把手框。

③ 拆卸前扶手座上板。使用头部缠有保护胶带的螺丝刀，脱开 2 个卡子和 6 个卡爪，拆下前扶手座上板，断开连接器。

④ 拆卸电动车窗升降器主开关总成。使用头部缠有保护胶带的螺丝刀，脱开 2 个卡爪，并拆下电动车窗升降器开关总成。

⑤ 拆卸门控灯总成（带门控灯）。使用头部缠有保护胶带的螺丝刀，脱开卡爪并拆下门控灯总成，断开连接器。

⑥ 拆卸前门装饰板分总成。使用头部缠有保护胶带的螺丝刀，脱开卡爪并断开车门扶手盖，拆下 2 个螺钉。使用卡子拆卸工具，脱开 9 个卡子。脱开 5 个卡爪并从前门玻璃内密封条上分开前门装饰板分总成，脱开 2 个卡爪，并断开前门内把手分总成。

⑦ 拆卸前门内把手分总成。断开前门锁止遥控拉索和前门内侧锁止拉索，并拆下前门内把手分总成。

⑧ 拆卸前门下门框支架装饰条。脱开卡子和卡夹，并拆下前门下门框支架装饰条，断开连接器。

⑨ 拆卸前 2 号扬声器总成。

⑩ 拆卸前门玻璃内密封条。

⑪ 拆卸前 1 号扬声器总成，从前门板上拆下前门玻璃内密封条。

⑫ 拆卸车门装饰板支架。拆下 2 个螺钉和车门装饰板支架。
⑬ 拆卸前门检修孔盖。断开连接器,拆下前门检修孔盖。

> **注意事项**
>
> 去除车门上残留的丁基胶带。

⑭ 拆卸带盖的车外后视镜总成。
⑮ 拆卸前门玻璃分总成。连接蓄电池负极端子,连接电动车窗升降器主开关总成,并移动前门玻璃分总成以便能看到车门玻璃螺栓。断开蓄电池负极端子和电动车窗升降器主开关总成,拆下 2 个螺栓,拆下前门玻璃分总成。

> **注意事项**
>
> ◇拆下螺栓后,车门玻璃可能掉落,造成损坏。
> ◇不要损坏车门玻璃。

⑯ 拆卸前门窗升降器分总成。断开连接器,松开临时螺栓,拆下 5 个螺栓。将前门窗升降器分总成和前电动车窗升降器电动机总成作为一个单元拆下,从前门窗升降器分总成上拆下临时螺栓。
⑰ 拆卸前电动车窗升降器电动机总成。

> **注意事项**
>
> 不要拆下临时螺栓。如果拆下临时螺栓,前门窗升降器可能掉落,造成损坏。

(2) 检测电动机(前排乘客侧)

根据表 6-6,向电动机连接器施加蓄电池电压。观察电动机减速机构输出轴旋转情况,如图 6-54 所示。如果异常,需更换电动机。

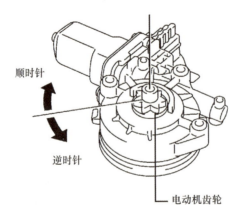

图 6-54 检测传感器搭铁电路

表 6-6　电动机标准状态

测量条件	规定状态
蓄电池（＋）接端子 2 蓄电池（－）接端子 1	电动机齿轮顺时针旋转
蓄电池（＋）接端子 1 蓄电池（－）接端子 2	电动机齿轮逆时针旋转

> **注意事项**
>
> 不要对除端子 1 和 2 外的任何端子施加蓄电池电压。

（3）安装电动机

① 安装前电动车窗升降器电动机总成。用"TORX"梅花螺丝刀（T25）和 3 个螺钉安装前电动车窗升降器电动机总成，用螺栓紧固扭矩为 5.4 N·m。

> **注意事项**
>
> ◇ 安装电动车窗升降器电动机时，升降器臂必须低于中间位置。
> ◇ 当自攻螺钉插入时，新的前门窗升降器使用自攻螺钉钻出新的安装孔。

② 安装前门窗升降器分总成。

将通用润滑脂涂抹在前门窗升降器分总成的滑动部分上，将临时螺栓安装到前门窗升降器分总成上，临时安装前门窗升降器分总成。紧固临时螺栓和 5 个螺栓以安装前门窗升降器分总成，用螺栓紧固扭矩为 8.0 N·m，连接连接器。

③ 安装前门玻璃分总成。沿着前门玻璃升降槽将前门玻璃分总成插入前门板内，用 2 个螺栓安装前门玻璃分总成，用螺栓紧固扭矩为 8.0 N·m。

④ 安装带盖的车外后视镜总成。

⑤ 安装前门检修孔盖。将丁基胶带粘贴在前车门板上，将前门锁止遥控拉索和后门内侧锁止拉索穿过一个新的前门检修孔盖，使用前门板上的参考点连接前门检修孔盖，连接连接器。

> **注意事项**
>
> 牢固安装前门检修孔盖，避免出现褶皱和气泡。

⑥ 安装车门装饰板支架。
⑦ 安装前 1 号扬声器总成。
⑧ 安装前门玻璃内密封条。
⑨ 安装前 2 号扬声器总成。
⑩ 安装前门下门框支架装饰条。连接连接器，接合卡子和卡夹，并安装前门下门框支架装饰条。
⑪ 安装前门内把手分总成。将前门锁止遥控拉索和前门内侧锁止拉索连接到前门内把手分总成上，接合 2 个卡爪，并安装前门内把手分总成。

⑫ 安装前门装饰板分总成。用前门玻璃内密封条上的 5 个卡爪接合前门装饰板,接合 9 个卡子,将前门装饰板安装到前门板上,安装 2 个螺钉。接合卡爪,连接车门扶手盖。
⑬ 拆卸门控灯总成(带门控灯)。连接连接器,接合卡爪,安装门控灯总成。
⑭ 安装电动车窗升降器主开关总成。
⑮ 安装前扶手座上板。连接连接器,接合 2 个卡子和 6 个卡爪,安装前扶手座上板。
⑯ 安装前门内把手框。
⑰ 将电缆连接到蓄电池负极端子。

注意事项

断开蓄电池电缆后重新连接时,某些系统需要初始化。

四、任务小结

1. 电动车窗的组成

电动车窗主要由车窗玻璃、车窗玻璃升降器、电动机和控制开关等组成。

2. 电动车窗的工作原理

电动车窗的升降可以由总开关和单独车窗开关分别控制,车窗的升降是通过控制开关改变电机的电路流向,从而使电机的运转方向发生变化来实现。

3. 电动车窗的常见故障

车窗不升降是电气中的常见问题,在检测过程中,应遵循故障诊断原则与排除思路,进行所有可能原因的分析。当发现电动车窗不升降时,主要的故障原因可能有:

(1) 电动车窗电路故障;

(2) 电动车窗开关故障;

(3) 电动机故障。

4. 电动车窗的检修

(1) 电动车车窗电路检修。

(2) 电动车窗开关检修。

(2) 电动车窗电动机检修。

五、任务评价

(一)课堂练习

1. 判断题

(1) 电动车窗的操作开关分为安全开关和升降开关,安全开关能控制所有车门上的车窗。( )

(2) 电动车窗的升降主要是利用电机的正转和反转实现的。( )

(3) 驾驶员侧车窗有手动和自动控制功能。( )

(4) 操作电动车窗时,如果出现某个机械部位卡死,则会引起熔断丝烧断或热敏开关断开,从而避免电机烧坏。( )

(5) 电动车窗的主开关接地失效会导致所有车窗均不能动作。( )

2. 单选题

(1) 对于电动车窗玻璃升降电机来说,下列说法错误的是(　　)。

  A. 每个车门必须设有一个分控制开关,但主控制开关可不设。

  B. 在电路中必须设有断电器,当玻璃达到上下极限时,自动切断电路。

  C. 玻璃升降电机是可逆的,改变通电方向,就可以改变转动方向。

  D. 车上可装一个延时开关,在点火开关断开约 10 min 后,仍有电流供应。

(2) 不管使用主开关还是分开关,乘员侧电动车窗不能升降,甲认为故障出在失效的主开关,乙认为故障出在磨损的电动机。你认为(　　)。

  A. 甲正确　　　　　　　　　　B. 乙正确

  C. 甲、乙都正确　　　　　　　D. 甲、乙都不正确

(3) 以卡罗拉为例,将电动机连接器端子 1 连接蓄电池正极,端子 2 连接蓄电池负极,电机水齿轮会(　　)。

  A. 顺时针旋转　　　　　　　　B. 逆时针旋转

  C. 不转　　　　　　　　　　　D. 可能顺时针旋转,可能逆时针旋转

(二) 技能评价

进行自我技能评价,完成表 6-7。

表 6-7　技能评价表

序号	内容	分值	得分
1	能选用适当的工具	10	
2	检查电动车窗电路线路	10	
3	检查开关电源电路	10	
4	检查电动车窗开关至电动机间的线路	20	
5	检查电动车窗开关	20	
6	检查电动车窗电动机	20	
7	竣工检查	10	
	总分	100	

注:操作正确即得分,操作错误或未进行操作得 0 分。

学习任务 3　中控门锁检修

一、任务目标

1. 了解中控门锁的功用。
2. 理解中控门锁的工作原理。
3. 了解中控门锁的常见故障以及维修方法。
4. 规范完成中控门锁检测工作。

二、知识准备

1. 中控门锁的组成

门锁是锁止车门的机构,是保证汽车行驶安全的一项重要措施。对门锁的一般要求是不仅能将车门可靠锁紧或打开,而且当门锁在锁止位置时,操作外手柄均不能打开车门。为了提高汽车使用的安全性、方便性,现代汽车大多安装中控门锁控制系统。中控门锁系统主要由控制开关、门锁执行机构和门锁控制器三部分组成,如图6-55所示。

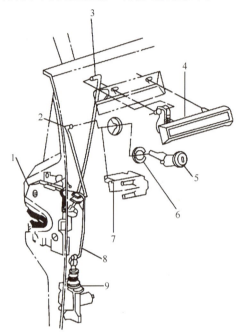

图6-55 中控门锁组成
1—门锁总成;2—锁芯至门锁连杆;3—外门锁手把至门锁连杆;4—外门锁手把;
5—锁芯;6—垫圈;7—锁芯定位架;8—门锁连杆;9—门锁电动机

(1)门锁开关

大多数中控门锁的开关都是由总开关和分开关组成,总开关装在驾驶员身旁车门上,驾驶员操作总开关可将全车所有车门锁住或打开;分开关装在其他各个车门上,可单独控制一个车门。中控门锁开关如图6-56所示。

图6-56 中控门锁开关

(2) 门锁执行机构

门锁执行机构的作用是根据电路中电流方向的不同而实现闭锁或开锁。常见的门锁执行机构有电磁线圈、直流电动机或永磁式旋转电动机。两种结构都是通过改变极性转换其运动方向来实现门锁的开、关动作。

① 电磁式门锁执行机构

这种汽车电控门锁的开启和锁闭均由电磁铁驱动,其结构如图 6-57 所示,它内设两个线圈,分别用来开启、锁闭门锁。门锁集中操作按钮平时处于中间位置,用手按压即可开启或锁闭车门。

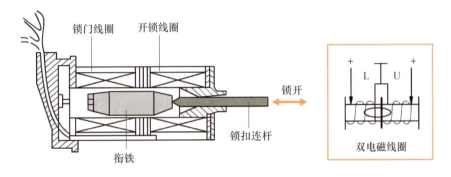

图 6-57　电磁式门锁执行机构

② 电动机式门锁执行机构

电动机式门锁由可逆式电动机、传动装置及锁体总成构成,其结构如图 6-58 所示。其工作原理为:由电动机带动齿轮齿条副或螺杆螺母副进而驱动锁体总成,实现车门的锁闭或开启动作。

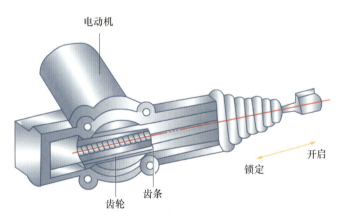

图 6-58　电动机式门锁执行机构

(3) 中央门锁控制器

中央门锁控制器为门锁执行机构提供开锁和闭锁脉冲电流,有晶体管式门锁控制器、电容式门锁控制器和车速感应式门锁控制器。

① 晶体管式门锁控制器

门锁控制器内部设有闭锁和开锁两个继电器,由晶体管开关电路控制,利用电容器的充、放电过程,控制一定的脉冲电流持续时间,使门锁执行机构完成闭锁和开锁动作,如图 6-59 所示。

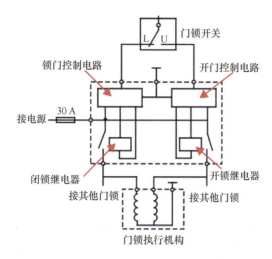

图 6-59　晶体管式中央门锁系统

② 电容式门锁控制器

该系统利用含有充足电的电容器,在工作时继电器(开锁或闭锁继电器)串联接入电容器的放电回路,使其触点短时间闭合。当(正向或反向)转动车门钥匙时,相应的电路开关(闭锁或开锁)接通,电容器放电电流通过继电器线圈(开锁或闭锁继电器)搭铁,线圈产生电磁吸力,触点闭合,接通执行机构电磁线圈的电路,完成闭锁或开锁的动作。当电容器放电完毕后,继电器触点打开,中央门锁系统停止工作。此时另一只电容器被充电,为下一次操纵做好准备。电容控制的中央门锁系统如图 6-60 所示。

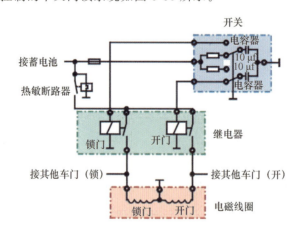

图 6-60　电容控制的中央门锁系统

③ 车速感应式门锁控制器

在中央门锁系统中加装一车速(10 km/h)感应开关,当汽车行驶速度达 10 km/h 以上时候,若车门未闭锁,不需要驾驶员操纵,门锁控制器将自动关闭。如果个别车门要自行开门或锁门可单独操作。

2. 中控门锁的功能

（1）能对车门及行李舱进行集中控制。当驾驶员对左前门进行控制（锁门、开门）时，汽车所有的门锁及行李舱能同时实现相同的控制效果。

（2）单独控制。在中控门锁系统不工作时，乘客仍可使用各车门的机械锁扣开关车门。

3. 中控门锁的工作原理

驾驶人员或乘客可以通过门锁开关接通或断开门锁继电器，门锁继电器包括锁止和开锁两个继电器。当门锁开关都不闭合时，所有电动机两端都通过继电器直接搭铁，电动机不运转；当门锁开关接通开锁时，开锁继电器线圈通电，继电器吸合，电源电压经闭合的开锁继电器动合触点施加于电动机，电动机电枢另一端经锁定继电器动断触点接地，电动机转动，门锁打开。

当开关断开，回到中间位置时，开锁继电器失去作用。当开关在锁定位置时，电源给锁定继电器供电，继电器动作，其动合触点闭合，电源电压经此触点施加给所有门锁电动机。电动机电枢另一端经开锁继电器动断触点接地，电动机旋转并将车门锁住。

门锁电动机的转向是可逆的，其转动方向由流经电枢电流的方向决定，电动机通过两个继电器和电源构成回路而通电运转。不同的继电器工作可以改变电动机中电流的方向，使门锁电动机的转向改变，实现开锁和锁定。中控门锁系统控制的原理如图6-61所示。

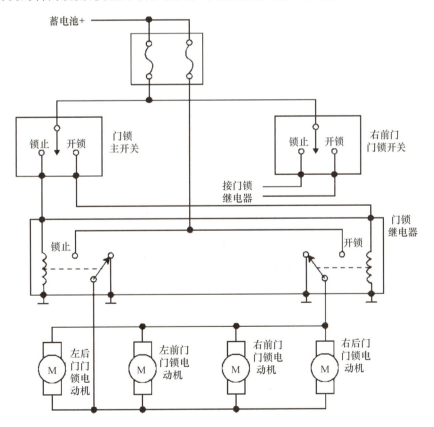

图 6-61 中控门锁系统控制原理

4. 中控门锁的常见故障

中控门锁常见故障包括:所有门锁均不工作和某个门锁不能工作。

(1) 全部门锁都不能工作

可能的原因:熔断器断路、继电器故障、门控开关触点烧蚀、搭铁点锈蚀或松动和连接线路断路等。

排除故障过程:首先检查熔断器是否良好,将门控开关接通,检查电动机接线极柱上的电压是否正常。若电压为零,应检查继电器和电源线路;如电压正常,则应检查搭铁线是否良好。若搭铁良好,应对开关和电动机进行检测。

(2) 某个门锁不能工作

检查该门锁电动机是否损坏或对应开关、连接电缆线的线路是否正常,再检查开关和电动机。

三、任务实施

(一) 实施方案

1. 质量要求

参照厂家的质量标准要求。

2. 组织方式

每四位同学一组,检修卡罗拉车上的中控门锁,按照企业岗位操作规范进行作业。每组作业时间为 90 分钟。

3. 作业准备

(1) 技术要求

检查门锁电机电压时注意电压检查分为升压、降压两次检查。

(2) 设备器材

设备器材如图 6-62 所示。

(a) 常用工具(一套)　　(b) 万用表

图 6-62　设备器材

(3) 场地设施:理实一体化教室、废气排放装置、消防设施等。

(4) 设备设施:2007 款卡罗拉 1.6 L/AT 轿车、常用工具、工具车、零件车、标保工具车、垃圾桶等。

(5) 安全防护:车轮挡块、室内三件套等。

(6) 耗材:干净抹布。

(二)操作步骤

1. 汽车中控门锁

1.1 拆卸门板

(1)拆下扶手面板,如图 6-63 所示。

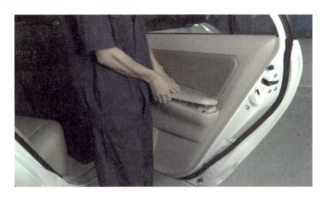

图 6-63 拆下扶手面板

(2)撬开螺栓装饰盖,如图 6-64 所示。

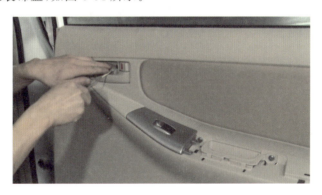

图 6-64 撬开螺栓装饰盖

(3)拆下玻璃升降开关并断开连接器,如图 6-65 所示。

图 6-65 断开连接器

(4)选用十字螺丝刀,拆下 3 颗门板固定螺栓,如图 6-66 所示。

图 6-66　拆下门板固定螺栓

(5) 拨开门板,使门板卡扣与车门分离,取下门板并放好,如图 6-67 所示。

图 6-67　取下门板

1.2　检查门锁

(1) 检查门锁电机

① 断开门锁连接器,如图 6-68 所示。

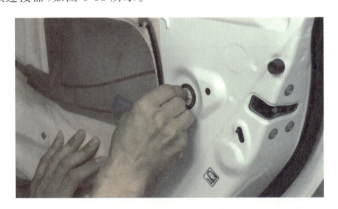

图 6-68　断开门锁连接器

② 将万用表表笔连接线束 1 号端子,另一支表笔连接车门搭铁,如图 6-69 所示。按下"LOCK"键,观察电压升序变化。

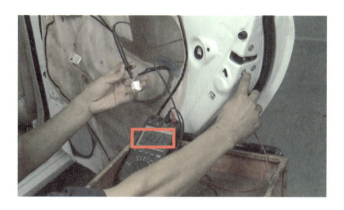

图 6-69　用万用表观察电压升序变化

③ 松开开关,观察电压降序变化,如图 6-70 所示。根据电压变化判断门锁电机控制电路是否损坏。

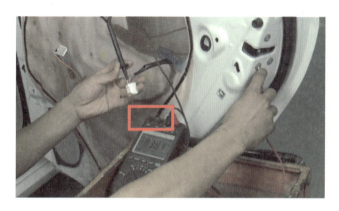

图 6-70　用万用表观察电压降序变化

④ 按下开关"UNLOCK"键,以同样的方法测量另外一个线束端子,如图 6-71 所示。

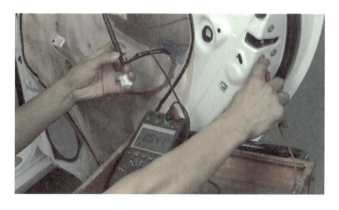

图 6-71　用万用表测量线束端子

⑤ 万用表的红、黑表笔分别连接门锁电机的两个端子,如图 6-72 所示。

⑥ 测量门锁电机的电阻值,检查门锁电机是否损坏,如图 6-73 所示。

图 6-72　连接万用表与门锁电机端子

图 6-73　测量门锁电机的电阻值

(2) 检查门锁机械结构

① 选用十字螺丝刀锁止门锁锁舌。

② 拉起内拉手,观察门锁锁舌是否正常工作,如图 6-74 所示。

图 6-74　观察门锁锁舌是否正常工作

③ 按下儿童锁,检查内拉手无法开启门锁,如图 6-75 所示。

④ 松开儿童锁,拉起外拉手,如图 6-76 所示。检查外拉手工作是否正常。

⑤ 连接门锁电机连接器,确保牢固,如图 6-77 所示。

项目六　辅助电气设备检修

图 6-75　按下儿童锁

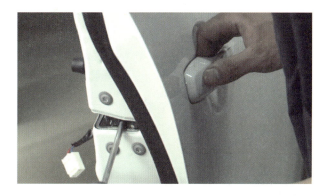

图 6-76　检查外拉手工作是否正常

图 6-77　连接门锁电机连接器

1.3　安装门板

(1) 将门板安装到车门上，确保位置正确，如图 6-78 所示。
(2) 将门板卡扣安装到车门上，并确保安装牢固。
(3) 安装 3 颗门板固定螺栓，并确保紧固，如图 6-79 所示。
(4) 安装螺栓装饰盖，如图 6-80 所示。
(5) 正确安装玻璃升降器开关并连接插接器。
(6) 安装扶手面板，并确保安装牢固。

图 6-78　将门板安装到车门上

图 6-79　安装门板固定螺栓

图 6-80　安装螺栓装饰盖

四、任务小结

1. 中控门锁电气系统的结构

中控门锁由机械部分和电气部分组成,其中电气部分的主要结构有中控门锁执行机构和控制器。

2. 中控门锁的工作原理

控制器发出开闭信号 → 电机转动 → 带动齿轮转动 → 通过齿轮与驱动杆上齿条啮合

运动 → 驱动驱动杆做直线运动。

3. 中控门锁的常见故障及原因

中控门锁的常见故障主要有所有门锁均不工作和某个门锁不能工作两种。全部门锁都不能工作,可能的原因是熔断器断路、继电器故障、门控开关触点烧蚀、搭铁点锈蚀或松动和连接线路断路等;某个门锁不能工作,则检查该门锁电动机是否损坏或对应开关、连接电缆线的线路是否正常。

4. 中控门锁结构检修步骤

(1) 拆卸门板。

(2) 检查门板电机。

(3) 安装门板。

五、任务评价

(一) 课堂练习

1. 判断题

(1) 将驾驶员车门锁扣按下时,其他几个车门及行李舱门都能自动锁定;如果用钥匙锁门,也可同时锁好其他车门,但行李舱门不行。( )

(2) 一般电磁线圈式执行机构有两个电磁线圈,其绕制方向相同,以便改变电流方向使执行机构进行开启或锁止。( )

(3) 若电动机接线极柱上的电压为零,表明电压线路有问题。( )

2. 单选题

(1) 门锁执行机构常见的有三种,其中不包括( )。
    A. 电磁线圈式   B. 机械式
    C. 电动机式   D. 永磁型

(2) 当门锁开关置于锁止(LOCK)位置时,触点闭合,门锁电磁铁中( )线圈通电,电磁铁芯杆缩回,操纵门锁( )车门。
    A. 开启,打开   B. 门锁,锁上
    C. 开启,锁上   D. 门锁,打开

(3) 当门锁开关在( )位置时,( )线圈通电,继电器吸合,电源电压经闭合的开锁继电器动合触点施加于电动机,电动机电枢另一端经锁定继电器动断触点接地,电动机转动,门锁打开。
    A. 锁定,开锁继电器
    B. 开锁,锁定继电器
    C. 锁定,锁定继电器
    D. 开锁,开锁继电器

(4) 全部门锁都不能工作可能的原因中不包括( )。
    A. 熔断器断路   B. 继电器故障
    C. 门控开关触点烧蚀   D. 前面电动机损坏

(二)技能评价

进行自我技能评价,完成表6-8。

表6-8 技能评价表

序号	内容	分值	得分
1	能选用适当的工具	10	
2	检查相关端子的电压	30	
3	检查门锁电机电阻值	30	
4	检查门锁锁舌	10	
5	检查儿童锁	10	
6	检查门锁电机连接器	10	
	总分	100	

注:操作正确即得分,操作错误或未进行操作即0分。

学习任务4 电动座椅检修

一、活动目标

1. 掌握电动座椅的组成、各部分的功用。
2. 了解电动座椅的工作原理和电路控制过程。
3. 了解电动座椅常见故障产生的原因。
4. 规范完成电动座椅检测工作。

二、知识准备

1. 电动座椅的组成与功用

电动座椅又称自动座椅,是指以电动机为动力,通过传动装置和执行机构来调节座椅的各种位置,使驾驶员和乘员乘坐舒适的座椅。电动座椅如图6-81所示,具有前后滑动、上下升降、靠背倾角调节以及腰部支撑等功能。

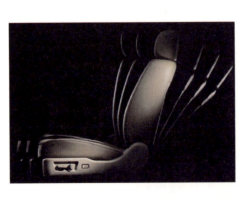
外观结构

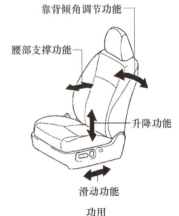
功用

图6-81 电动座椅的功用

项目六 辅助电气设备检修

电动座椅由座椅调节开关、电子控制器、电动机以及传动装置等组成,如图6-82所示。

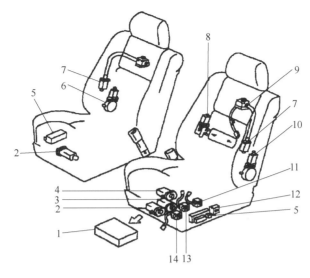

图 6-82 电动座椅的组成

1—电动座椅控制器;2—滑动电动机;3—前垂直电动机;4—后垂直电动机;5—电动座椅开关;
6—倾斜电动机;7—头枕电动机;8—腰垫电动机;9—位置传感器(头枕);10—倾斜电动机和位置传感器;
11—位置传感器(后垂直);12—腰垫开关;13—位置传感器(前垂直);14—位置传感器(滑动)

(1) 座椅调节开关

座椅开关主要指以下3种开关:滑动与垂直调节开关、靠背与头枕调节开关以及腰部支撑调节开关。当它们接通时分别向 ECU 输入滑动、前垂直、后垂直、倾斜或头枕位置的信号,如图6-83所示。

图 6-83 控制开关

(2) 电子控制器

座椅控制器控制电动座椅的电源通断、存储执行和复位动作。当收到来自电动座椅开关的输入信号后,控制器中的继电器动作,控制电动座椅运动。

(3) 电动机

电动机在来自控制器的电流驱动下为电动座椅的传动装置提供动力,大多数电动座椅采用永磁式电动机,如图6-84所示。此类电动机电枢的旋转方向随电流的方向改变而改变,可调节座椅两个方向的移动。人们常说的六向移动座椅是使用三个电动

图 6-84 座椅电动机

机实现座椅六个不同方向的位置调整：上、下、前、后、前倾、后倾。很多高级轿车还增加了调整头枕、腰部头枕、腰部调节、扶手调节、座椅长度等功能，这些功能的增加都是为了使乘坐者更加舒服。所有这些功能的实现都必须通过电机带动传动机构来实现。为了防止电动机过载，电动机内装有断路器。

(4) 传动装置

电动座椅的传动装置是把直流电动机产生的旋转运动转变为座椅的位置调整的装置。纵向调整传动机构如图 6-85 所示，由涡杆、涡轮、齿条、导轨等组成，齿条装在导轨上。调整时，直流电机产生的力矩经涡杆传至两侧的涡轮上，经齿条的带动，使座椅前后移动。高度调整传动机构如图 6-86 所示，由涡杆轴、涡轮、心轴等组成。调整时，直流电机产生的力矩带动涡杆轴，驱动涡轮转动，使心轴在涡轮内旋进或旋出，带动座椅上下移动。

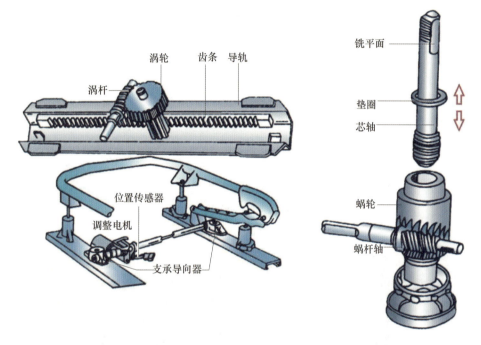

图 6-85 纵向调整机构　　图 6-86 高度调整机构

2. 电动座椅的工作原理和电路控制过程

下面以丰田卡罗拉的电动座椅的纵向调节为例，介绍电路的控制过程，电路图如图 6-87 所示。

按下座椅向前滑动键时，驾座椅调节开关 C3 的 1—9 端接通、6—4 端接通，蓄电池正极→30 A 乘客座椅保险丝→驾驶员座椅调节开关端子 1→驾驶员座椅调节开关端子 9→左前座椅滑动电机→驾驶员座椅调节开关端子 6→驾驶员座椅调节开关端子 4→连接器端子 4→L2 搭铁→蓄电池负极，形成回路，此时电动机顺向转动，使座椅向前滑动。

按下座椅向后滑动键时，驾座椅调节开关 C3 的 1—6 端接通、9—4 端接通，蓄电池正极→30A 乘客座椅保险丝→驾驶员座椅调节开关 1 端→驾驶员座椅调节开关 6 端→左前座椅滑动电机→驾驶员座椅调节开关 9 端→驾驶员座椅调节开关 4 端→连接器端子（4、2）→L2 搭铁→蓄电池负极，形成回路，此时电动机反向转动，使座椅向后滑动。

项目六　辅助电气设备检修

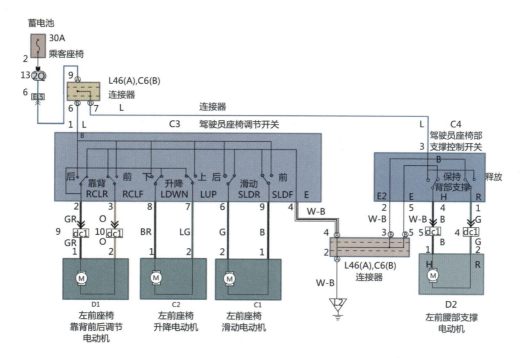

图 6-87　丰田卡罗拉电动座椅电路图

3. 电动座椅的常见故障

电动座椅常见故障包括:完全不动作或某个方向不能动作。

(1) 电动座椅完全不动作的主要原因有:熔断器断路、线路断路、座椅开关有故障等。可以首先检查熔断器是否断路;若熔断器良好,则应再检查线路连接是否正常,最后检查开关。

(2) 电动座椅某个方向不能工作的主要原因:该方向对应的电动机损坏、开关、连接导线断路等。可以先检查线路是否正常,再检查开关和电动机。

三、任务实施

(一) 实施方案

1. 质量要求

参照厂家的质量标准要求。

2. 组织方式

每四位同学一组,检修卡罗拉车上的电动座椅,按照企业岗位操作规范进行作业。每组作业时间为 90 分钟。

3. 作业准备

(1) 技术要求与注意事项

① 注意万能表使用中,挡位的正确选择。

② 使用电路图册时,要注意避免破损,电路图应与使用车型相对应。

③ 一般来说,汽车蓄电池电源线搭铁电源为 12 V,发电机正常输出电压不超过 14 V。

④ 注意电气线路在操作过程中的短路。

⑤ 维修手册所述的其他相关要求。

（2）设备器材

设备器材如图 6-88 所示。

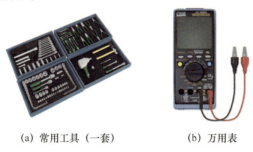

(a) 常用工具（一套）　　(b) 万用表

图 6-88　设备器材

（3）场地设施：理实一体化教室、废气排放装置、消防设施等。

（4）设备设施：2007 款卡罗拉 1.6 L/AT 轿车、常用工具、工具车、零件车、标保工具车、垃圾桶等。

（5）安全防护：车轮挡块、室内三件套等。

（6）耗材：干净抹布。

（二）操作步骤

1. 检查线束和连接器

用万用表检查连接器端子 2 与搭铁 L2 间是否导通，否则应检查连接器以及 L2 的连接是否牢固；用万用表测连接器端子 9 与 6、7 之间电阻，检查连接器导通是否良好，否则应该更换连接器端子电缆上。

2. 检查座椅开关

（1）拆卸前排座椅头枕总成。

（2）拆卸座椅外滑轨盖，如图 6-89 所示。

① 操作电动座椅开关旋钮并将座椅移动到最前位置。

② 脱开 2 个卡爪并拆下座椅外滑轨盖。

（3）拆卸座椅内滑轨盖，如图 6-90 所示。

① 脱开卡爪。

② 脱开导销并拆下座椅内滑轨盖。

图 6-89　拆卸座椅外滑轨盖

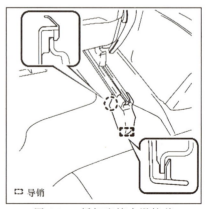

图 6-90　拆卸座椅内滑轨盖

（4）拆卸座椅总成。

① 拆下座椅后侧的 2 个螺栓。

② 操作电动座椅开关旋钮关并将座椅移动到最后位置，如图 6-91 所示。

③ 拆下座椅前侧的 2 个螺栓，如图 6-92 所示。

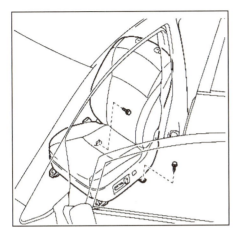

图 6-91　移动座椅到最后位置

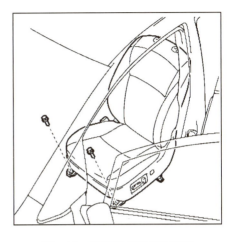

图 6-92　拆下座椅前侧的螺栓

④ 操作电动座椅开关旋钮并将座椅移动到中间位置，同时，操作电动座椅开关旋钮并将座椅靠背移动到直立位置。

⑤ 将电缆从蓄电池负极端子上拆掉。

⑥ 断开座椅下面的连接器。

⑦ 拆下座椅。

注意事项

◇断开电缆后等待 90 s，以防止气囊展开。

◇断开蓄电池电缆后重新连接时，某些系统需要初始化。

（5）拆卸电动座椅靠背倾角调节开关旋钮。使用缠有保护性胶带的螺丝刀，脱开 2 个卡爪并拆下电动座椅靠背倾角调节开关旋钮，如图 6-93 所示。

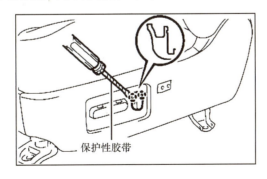

图 6-93　拆卸座椅靠背倾角调节旋钮

（6）拆卸电动座椅滑动和高度调节开关旋钮。使用缠有保护性胶带的螺丝刀，脱开 4

个卡爪并拆下电动座椅滑动和高度调节开关,如图 6-94 所示。

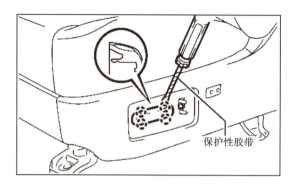

图 6-94　拆卸座椅滑动和高度调节旋钮

（7）拆卸前排座椅坐垫护板总成。

① 拆下挂钩,如图 6-95 所示。

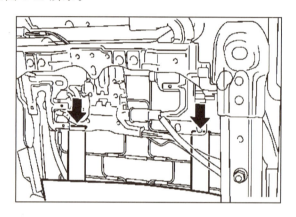

图 6-95　拆下挂钩

② 拆下 5 个螺钉,如图 6-96 所示。

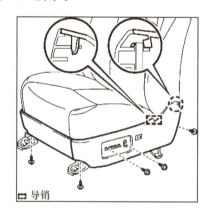

图 6-96　拆下螺钉

③ 脱开卡爪和导销,并拆下座椅坐垫护板总成。

④ 从电动座椅腰部开关上断开连接器。

(8) 拆卸前排座椅坐垫 1 号内护板。

① 拆下螺钉。

② 脱开 2 个卡爪并拆下前排座椅 1 号坐垫内护板,如图 6-97 所示。

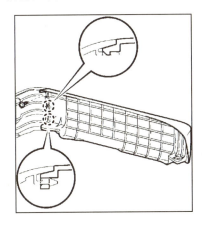

图 6-97 脱开前排座椅

(9) 拆卸前排电动座椅腰部开关。拆下 2 个螺钉和前排电动座椅腰部开关,如图 6-98 所示。

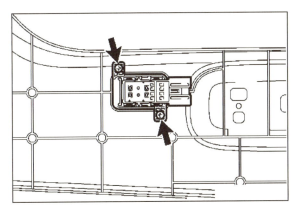

图 6-98 拆卸前排座椅腰部开关

(10) 拆卸电动座椅开关。

① 拆下 3 个螺钉,如图 6-99 所示。

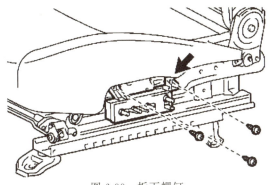

图 6-99 拆下螺钉

② 断开连接器并拆下电动座椅开关。

(11) 检查电动座椅开关，如图 6-100 所示。当操作每个开关时，测量指定端子之间的电阻。

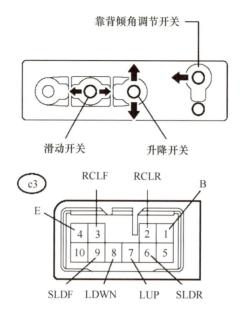

图 6-100　检查电动座椅开关

① 滑动开关的电阻如果不符合表 6-9 中标准电阻的规定，更换开关。

表 6-9　标准电阻

检测仪连接	开关状态	规定状态
c3-1(B)—c3-9(SLDF)	前	小于 1 Ω
c3-4(E)—c3-6(SLDR)	前	小于 1 Ω
c3-1(B)—c3-6(SLDR)	前	10 kΩ 或更大
c3-4(E)—c3-9(SLDF)	前	10 kΩ 或更大
c3-4(E)—c3-6(SLDR)	OFF	小于 1 Ω
c3-4(E)—c3-9(SLDF)	OFF	小于 1 Ω
c3-1(B)—c3-6(SLDR)	OFF	10 kΩ 或更大
c3-1(B)—c3-9(SLDF)	OFF	10 kΩ 或更大
c3-1(B)—c3-6(SLDR)	后	小于 1 Ω
c3-4(E)—c3-9(SLDF)	后	小于 1 Ω
c3-1(B)—c3-9(SLDF)	后	10 kΩ 或更大
c3-4(E)—c3-6(SLDR)	后	10 kΩ 或更大

项目六　辅助电气设备检修

② 升降开关的电阻如果不符合表 6-10 中标准电阻的规定,更换开关。

表 6-10　标准电阻

检测仪连接	开关状态	规定状态
c3-1(B)—c3-7(LUP)	开	小于 1 Ω
c3-4(E)—c3-8(LDWN)	开	小于 1 Ω
c3-1(B)—c3-8(LDWN)	开	10 kΩ 或更大
c3-4(E)—c3-7(LUP)	开	10 kΩ 或更大
c3-4(E)—c3-7(LUP)	OFF	小于 1 Ω
c3-4(E)—c3-8(LDWN)	OFF	小于 1 Ω
c3-1(B)—c3-7(LUP)	OFF	10 kΩ 或更大
c3-1(B)—c3-8(LDWN)	OFF	10 kΩ 或更大
c3-1(B)—c3-8(LDWN)	关	小于 1 Ω
c3-4(E)—c3-7(LUP)	关	小于 1 Ω
c3-1(B)—c3-7(LUP)	关	10 kΩ 或更大
c3-4(E)—c3-8(LDWN)	关	10 kΩ 或更大

③ 靠背倾角调节开关的电阻如果不符合表 6-11 中标准电阻的规定,更换开关。

表 6-11　标准电阻

检测仪连接	开关状态	规定状态
c3-1(B)—c3-3(RCLF)	开	小于 1 Ω
c3-4(E)—c3-2(RCLR)	开	小于 1 Ω
c3-1(B)—c3-2(RCLR)	开	10 kΩ 或更大
c3-4(E)—c3-3(RCLF)	开	10 kΩ 或更大
c3-4(E)—c3-2(RCLR)	OFF	小于 1 Ω
c3-4(E)—c3-3(RCLF)	OFF	小于 1 Ω
c3-1(B)—c3-3(RCLF)	OFF	10 kΩ 或更大
c3-1(B)—c3-2(RCLR)	OFF	10 kΩ 或更大
c3-1(B)—c3-2(RCLR)	关	小于 1 Ω
c3-4(E)—c3-3(RCLF)	关	小于 1 Ω
c3-1(B)—c3-3(RCLF)	关	10 kΩ 或更大
c3-4(E)—c3-2(RCLR)	关	10 kΩ 或更大

3. 检查电动机

(1) 拆卸前排座椅坐垫内护板

① 拆下螺钉,如图 6-101 所示。

② 脱开卡爪和导销。

③ 脱开导销并拆下前排座椅坐垫内护板。

(2) 拆卸带软垫的前排座椅坐垫护面

拆下挂钩和带软垫的前排座椅坐垫护面,如图 6-102 所示。

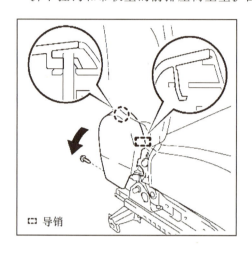

图 6-101　拆卸前排座椅内护板

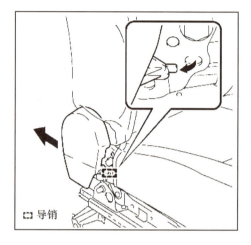

图 6-102　拆卸带软垫的前排座椅坐垫护面

(3) 拆卸分离式前排座椅坐垫护面

拆下 12 个卡圈和分离式前排座椅坐垫护面,如图 6-103 所示。

(4) 拆卸带软垫的前排座椅靠背护面

① 拆下 3 个卡圈。

② 脱开卡夹。

③ 断开连接器,如图 6-104 所示。

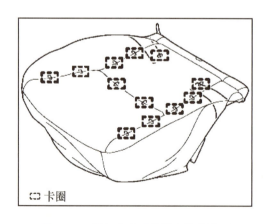

图 6-103　拆卸分离式前排座椅垫护面

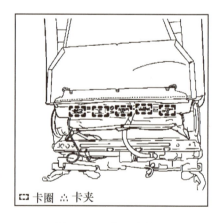

图 6-104　断开连接器

④ 拆下 5 个卡圈,如图 6-105 所示。

⑤ 翻开分离式前排座椅靠背护面,以便拆下螺母,并脱开分离式前排座椅靠背护面支架,如图 6-106 所示。

项目六 辅助电气设备检修

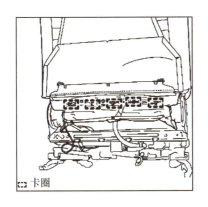

图6-105 拆卸卡圈

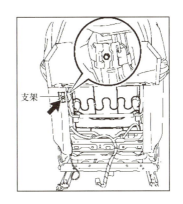

图6-106 脱开分离式前排座椅靠背护面支架

⑥ 脱开4个卡爪并拆下2个前排座椅头枕支架,如图6-107所示。
⑦ 将带软垫的分离式前排座椅靠背护面从带调节器的前排座椅骨架总成上拆下。
(5) 拆卸分离式前排座椅靠背护面
拆下6个卡圈和分离式前排座椅靠背护面,如图6-108所示。

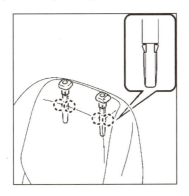

图6-107 拆卸前排座椅头枕支架

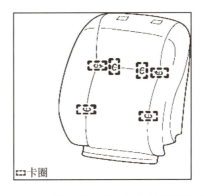

图6-108 拆卸分离式前排座椅靠背护面

(6) 拆卸腰部支撑调节器总成
① 断开连接器,如图6-109所示。
② 拆下2个螺钉和腰部支撑调节器总成。
(7) 拆卸左侧座椅靠背倾角调节器内盖
① 拆下螺钉,如图6-110所示。

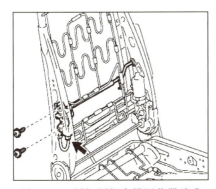

图6-109 拆卸腰部支撑调节器总成

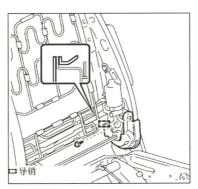

图6-110 拆卸左侧座椅靠背的螺钉

· 181 ·

② 脱开导销,并拆下左侧座椅靠背倾角调节器内盖,如图 6-111 所示。

(8) 拆卸右侧座椅靠背倾角调节器内盖

① 拆下螺钉。

② 脱开导销,并拆下右侧座椅靠背倾角调节器内盖,如图 6-112 所示。

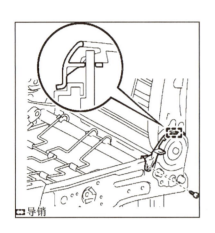
图 6-111 拆卸左侧座椅靠背倾角调节器内盖

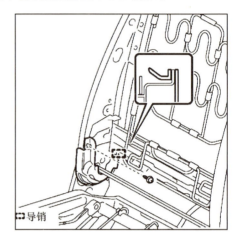
图 6-112 拆卸右侧座椅靠背倾角调节器内盖

(9) 拆卸前排左侧座椅坐垫下护板

① 拆下螺钉。

② 脱开 4 个卡爪,并拆下前排左侧座椅坐垫下护板,如图 6-113 所示。

(10) 拆卸前排右侧座椅坐垫下护板

① 拆下螺钉。

② 脱开 4 个卡爪,并拆下前排右侧座椅坐垫下护板。

(11) 拆卸 1 号前排座椅线束

脱开 6 个卡夹,断开 3 个连接器并拆下 1 号前排座椅线束,如图 6-114 所示。

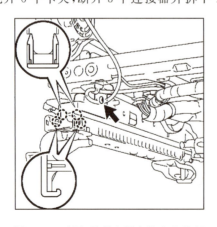
图 6-113 拆卸前排左侧座椅坐垫护板

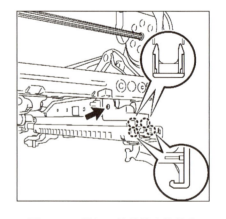
图 6-114 拆卸 1 号前排座椅线束

(12) 拆卸 2 号前排座椅线束

① 脱开 3 个卡夹。

② 断开连接器并拆下 2 号前排座椅线束,如图 6-115 所示。

项目六　辅助电气设备检修

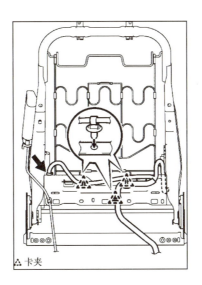

图 6-115　拆卸 2 号前排座椅线束

(13) 检查座椅滑动调节电动机

将蓄电池连接至滑动调节电动机连接器端子,如图 6-116 所示,检查座椅骨架是否能平顺移动。如果结果不符合表 6-12 中的规定,更换前排座椅总成。

表 6-12　调节电动机连接器端子

测量条件	运转方向
蓄电池正极(＋)→c1-1 蓄电池负极(－)→c1-2	前
蓄电池正极(＋)→c1-2 蓄电池负极(－)→c1-1	后

(14) 检查座椅升降器电动机

检查在将蓄电池连接至升降器电动机连接器端子时,如图 6-117 所示,座椅骨架是否平顺移动。如果结果不符合表 6-13 中的规定,更换前排座椅总成。

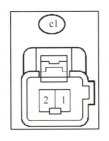　　　　　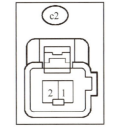

图 6-116　滑动调节电动机连接器端子　　图 6-117　升降器电动机连接器端子

表 6-13　检查连接器端子

测量条件	运转方向
蓄电池正极(＋)→c2-2 蓄电池负极(－)→c2-1	向上
蓄电池正极(＋)→c2-1 蓄电池负极(－)→c2-2	向下

(15) 检查座椅靠背倾角调节电动机

将蓄电池连接至靠背倾角调节电动机连接器端子,如图 6-118 所示,检查座椅骨架是否能平顺移动。如果结果不符合表 6-14 中的规定,更换前排座椅总成。

表 6-14　检查连接器端子

测量条件	运转方向
蓄电池正极(＋)→d1-2　蓄电池负极(－)→d1-1	前
蓄电池正极(＋)→d1-1　蓄电池负极(－)→d1-2	后

(16) 重新安装座椅

按照与拆卸相反的顺序安装座椅部件。

四、任务小结

1. 电动座椅的组成与功用

电动座椅由座椅调节开关、电子控制器(ECU)、电动机以及传动装置等组成。

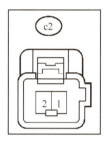

图 6-118　倾角调节电动机连接器端子

2. 电动座椅的工作原理

电动座椅的工作原理:控制开关发出信号 → 电动座椅控制器 → 座椅位置调整电机 → 传动装置。

3. 电动座椅常见故障

电动座椅常见故障包括:完全不动作或某个方向不能动作。

4. 电动座椅检测步骤

(1) 检测线束和连接器。
(2) 检查座椅开关。
(3) 检查座椅电动机。
(4) 安装座椅。

五、任务评价

1. 判断题

(1) 电动座椅,不论是几向,都是靠一个电动机来驱动。　　(　　)
(2) 卡罗拉轿车电动座椅采用的是三电动机式驱动。　　(　　)
(3) 如果连接器损坏,则电动座椅所有方向的调节均无效。　　(　　)

2. 单选题

(1) 下列哪一项不是电动座椅的组成部分?(　　)
　　A. 传动装置　　　　B. 电动机　　　　C. 车身 ECU
(2) 下列哪一项不是电动座椅能实现的功能?(　　)
　　A. 前后调节　　　　B. 左右调节　　　　C. 上下调节
(3) 关于电动座椅电动机的描述,下列哪一项是错误的?(　　)
　　A. 电动机一般为永磁式双向电动机。
　　B. 电动机通过改变流进的电流方向来改变转动方向。

C. 电动机不存在过载现象,因此不需要在线路上加熔断丝。

(4) 如果电动座椅所有方向的调节都不能实现,则原因不可能是(　　)。

A. 保险丝熔断　　　　B. 前后调节电动机损坏　　　C. 连接器损坏

(二) 技能评价

进行自我技能评价,完成表 6-15。

表 6-15　技能评价表

序号	内容	分值	得分
1	能选用适当的工具	10	
2	检查检查线束和连接器	10	
3	拆卸座椅	20	
4	检查电动座椅开关	10	
5	检查座椅滑动调节电动机	10	
6	检查座椅升降器电动机	10	
7	检查座椅靠背倾角调节电动机	10	
8	安装座椅	20	
	总分	100	

注:操作正确即得分,操作错误或未进行操作即 0 分。

学习任务 5　电动后视镜检修

一、任务目标

1. 熟知电动后视镜的组成与工作原理。
2. 了解电动后视镜出现故障的原因。
3. 规范完成电动后视镜拆卸与安装工作。
4. 规范完成电动后视镜检修工作。

二、知识准备

1. 电动后视镜组成

电动后视镜是汽车重要的安全部件,电动后视镜无法调节,将使驾驶员不能清楚地观察到车辆后方状况,影响行车安全。电动后视镜的组成如图 6-119 所示。

2. 电动后视镜工作原理

电动后视镜的背后装有两套电动机和驱动器,可操纵反射镜上下及左右转动,如图 6-120 所示。通常上下方向的转动用一个电动机控制,左右方向的转动用另一个电动机控制,通过改变电动机的电流方向,即可完成后视镜的上下及左右调整。每个电动后视镜都有一个独立控制开关,开关杆可多方向移动,可使一个电动机工作或两个电动机同时工作。

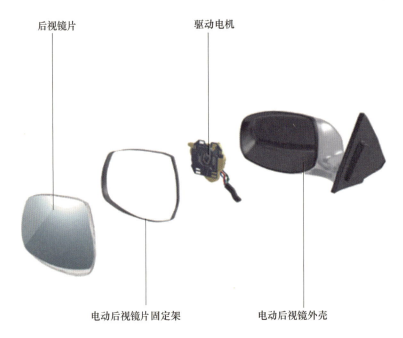

图 6-119 电动后视镜组成

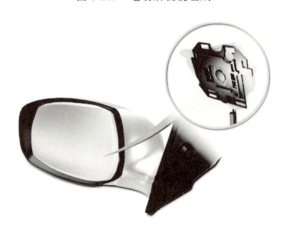

图 6-120 电动后视镜工作原理

3. 电动后视镜常见故障

电动后视镜是汽车重要的安全部件。电动后视镜无法调节,将不利于驾驶员观察车辆后方状况,影响行车安全。

造成电动后视镜无法调节的主要故障原因如下。

(1)熔断器故障

熔断器控制两侧的电动后视镜,如果熔断器熔断,两侧的后视镜均无法调节。

(2)后视镜电机电路搭铁不良

后视镜搭铁不良,主要指后视镜的搭铁线连接处有松动或腐蚀。

(3)后视镜开关损坏

后视镜开关是后视镜系统的控制部件。开关的常见故障有触点开关故障和机械故障,如触点接触不良故障,则需要对开关中电路进行进一步测试;开关机械故障一般为开关插接器断裂等故障。

(4) 后视镜电动机损坏

后视镜之所以可以上下左右地调节,主要是由于后视镜内的两个调节电机通电之后的运动而实现的,所以调节电机的烧坏和损坏会直接影响后视镜是否可以正常地调节。一般情况下确定是后视镜电机问题后,通常要更换后视镜调节电机总成。

三、任务实施

(一) 实施方案

1. 质量要求

参照厂家的质量标准要求。

2. 组织方式

每四位同学一组,检修卡罗拉车上的电动后视镜,按照企业岗位操作规范进行作业。每组作业时间为 90 分钟。

3. 作业准备

(1) 技术要求与注意事项

① 注意万能表使用中,挡位的正确选择。

② 使用电路图册时,要注意避免破损,电路图应与使用车型相对应。

③ 一般来说,汽车蓄电池电源线搭铁电源为 12 V,发电机正常输出电压不超过 14 V。

④ 注意电气线路在操作过程中的短路。

⑤ 维修手册所述的其他相关要求。

(2) 设备器材

设备器材如图 6-121 所示。

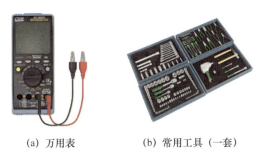

(a) 万用表　　(b) 常用工具(一套)

图 6-121　设备器材

(3) 场地设施:理实一体化教室、废气排放装置、消防设施等。

(4) 设备设施:2007 款卡罗拉 1.6 L/AT 轿车、常用工具、工具车、零件车、标保工具车、垃圾桶等。

(5) 安全防护:车轮挡块、室内三件套等。

(6) 耗材:干净抹布。

(二) 操作步骤

1. 车外后视镜线路检修

检查车外后视镜电路是否搭铁不良、线路是否连接松动、插接器连接是否松动,如有异常,应修复或紧固。

2. 车外后视镜和开关检修

2.1 拆卸车外后视镜

(1) 使用正确工具断开蓄电池负极电缆

(2) 拆卸前门内把手框

使用头部缠有保护胶带的螺丝刀,脱开 3 个卡爪并拆下前门内把手框,如图 6-122 所示。

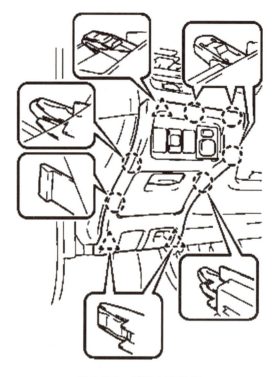

图 6-122 拆下内把手框

(3) 拆卸前扶手座上板

① 使用头部缠有保护胶带的螺丝刀,脱开 2 个卡子和 6 个卡爪,拆下前扶手座上板,如图 6-123 所示。

② 断开连接器。

图 6-123 拆下内饰盖

(4) 拆卸门控灯总成
① 使用头部缠有保护胶带的螺丝刀,脱开卡爪并拆下门控灯总成,如图 6-124 所示。
② 断开连接器。

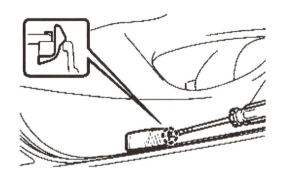

图 6-124　拆下门控灯

(5) 拆卸前门装饰板分总成
① 使用头部缠有保护胶带的螺丝刀,脱开卡爪并断开车门扶手盖。
② 拆下 2 个螺钉。
③ 使用卡子拆卸工具,脱开 9 个卡子。
④ 脱开 5 个卡爪并从前门玻璃内密封条上分开前门装饰板分总成,如图 6-125 所示。
⑤ 脱开 2 个卡爪,并断开前门内把手分总成,如图 6-126 所示。

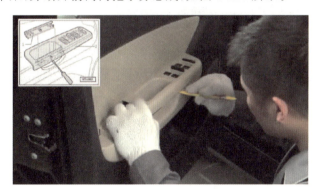

图 6-125　拆卸内饰装

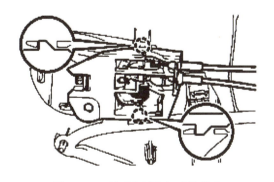

图 6-126　断开前门内把手分总成

(6) 拆卸前门下门框支架装饰条

① 脱开卡子和卡夹,并拆下前门下门框支架装饰条。

② 断开连接器,如图 6-127 所示。

图 6-127　断开连接器

(7) 拆下后视镜总成

断开线束连接器,拆下 3 个固定螺栓,然后拆下带盖的车外后视镜总成,如图 6-128 所示。

图 6-128　拆下后视镜总成

2.2　检查车外后视镜

(1) 检查左侧车外后视镜总成

① 断开左侧后视镜连接器,如图 6-129 所示。

② 施加蓄电池电压并检查左侧后视镜的工作情况。正确的检查结果如表 6-16 所示,如果结果不符合规定,更换左侧车外后视镜总成。

表 6-16　蓄电池电压情况

测量条件	规定状态
蓄电池正极(＋)→端子 5(MV) 蓄电池负极(－)→端子 4(M＋)	上翻
蓄电池正极(＋)→端子 4(M＋) 蓄电池负极(－)→端子 5(MV)	下翻
蓄电池正极(＋)→端子 3(MH) 蓄电池负极(－)→端子 4(M＋)	左转
蓄电池正极(＋)→端子 4(M＋) 蓄电池负极(－)→端子 3(MH)	右转

③ 检查左侧后视镜加热器,如图 6-130 所示。

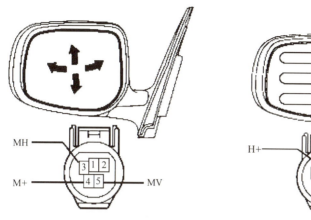

图 6-129 左侧后视镜连接器　　　　图 6-130 左侧后视镜加热器

根据表 6-17 中的值测量电阻,将蓄电池正极(＋)端子连接至端子 1,并将蓄电池负极(－)端子连接至端子 2,然后检查并确认左侧后视镜是否变暖。如果结果不符合规定,更换车外后视镜。

正常:短时间内左侧后视镜变暖。

表 6-17 标准电阻

检测仪连接	条件	规定状态
1(H＋)—2(H－)	25 ℃(77 ℉)	7.6～11.4 Ω

(2) 检查右侧车外后视镜总成

① 断开右侧后视镜连接器,如图 6-131 所示。

② 施加蓄电池电压并检查右侧后视镜的工作情况。正确的检查结果如表 6-18 所示,如果结果不符合规定,更换右侧车外后视镜总成。

表 6-18 施加蓄电池电压并检查右侧后视镜的工作情况

测量条件	规定状态
蓄电池正极(＋)→端子 5(MV) 蓄电池负极(－)→端子 4(M＋)	上翻
蓄电池正极(＋)→端子 4(M＋) 蓄电池负极(－)→端子 5(MV)	下翻
蓄电池正极(＋)→端子 3(MH) 蓄电池负极(－)→端子 4(M＋)	左转
蓄电池正极(＋)→端子 4(M＋) 蓄电池负极(－)→端子 3(MH)	右转

③ 检查右侧后视镜加热器,如图 6-132 所示。

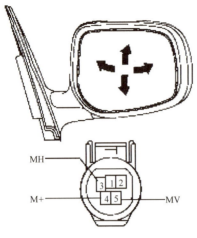

图 6-131　右侧后视镜连接器　　　　图 6-132　右侧后视镜加热器

根据表 6-19 中的值测量电阻,将蓄电池正极(+)端子连接至端子 1,并将蓄电池负极(一)端子连接至端子 2,然后检查并确认右侧后视镜变暖。如果结果不符合规定,更换车外后视镜。

正常:短时间内右侧后视镜变暖。

表 6-19　标准电阻

检测仪连接	条件	规定状态
1(H+)—2(H—)	25 ℃(77 °F)	7.6~11.4 Ω

2.3　检查后视镜开关

(1) 左/右调整开关的 L 位置

根据表 6-20 中的值测量电阻,如果结果不符合规定,更换开关总成。后视镜开关连接器如图 6-133 所示。

表 6-20　标准电阻(左侧)

检测仪连接	开关条件	规定状态
4(VL)—8(B)	UP	小于 1 Ω
6(M+)—7(E)	OFF	10 kΩ 或更大
4(VL)—7(E)	DOWN	小于 1 Ω
6(M+)—8(B)	OFF	10 kΩ 或更大
5(HL)—8(B)	LEFT	小于 1 Ω
6(M+)—7(E)	OFF	10 kΩ 或更大
5(HL)—7(E)	RIGHT	小于 1 Ω
6(M+)—8(B)	OFF	10 kΩ 或更大

(2) 左/右调整开关的 R 位置

根据表 6-21 中的值测量电阻,如果结果不符合规定,更换开关总成。

表 6-21 标准电阻(右侧)

检测仪连接	开关条件	规定状态
3(VR)—8(B)	UP	小于 1 Ω
6(M+)—7(E)	OFF	10 kΩ 或更大
3(VR)—7(E)	DOWN	小于 1 Ω
6(M+)—8(B)	OFF	10 kΩ 或更大
2(HR)—8(B)	LEFT	小于 1 Ω
6(M+)—7(E)	OFF	10 kΩ 或更大
2(HR)—7(E)	RIGHT	小于 1 Ω
6(M+)—8(B)	OFF	10 kΩ 或更大

2.4 安装车外后视镜

(1) 安装带盖的车外后视镜总成

① 接合卡爪,并暂时安装带盖的车外后视镜总成,如图 6-134 所示。

② 安装 3 个螺栓。

③ 扭矩为 9.0 N·m。

④ 连接连接器。

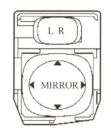

图 6-133 后视镜开关连接器

图 6-134 安装后视镜

(2) 安装前门下门框支架装饰条

① 连接连接器。

② 接合卡子和卡夹,并安装前门下门框支架装饰条,如图 6-135 所示。

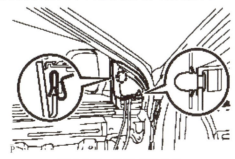

图 6-135 安装支架饰条

(3) 安装前门装饰板分总成

① 用前门玻璃内密封条上的 5 个卡爪接合前门装饰板。

② 接合 9 个卡子,将前门装饰板安装到前门板上,如图 6-136 所示。

③ 安装 2 个螺钉。

图 6-136　安装装饰板

(4) 安装门控灯总成(带门控灯)

① 连接连接器。

② 接合卡爪,安装门控灯总成,如图 6-137 所示。

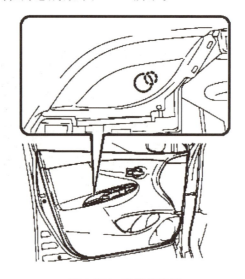

图 6-137　安装门控灯

(5) 安装前扶手座上板

① 连接连接器。

② 接合 2 个卡子和 6 个卡爪,安装前扶手座上板,如图 6-138 所示。

(6) 安装前门内把手框

接合 3 个卡爪,安装前门内把手框,如图 6-139 所示。

(7) 安装蓄电池负极电缆

使用正确工具将电缆连接到蓄电池负极端子。

项目六　辅助电气设备检修

图 6-138　安装扶手座上板

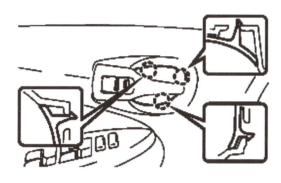

图 6-139　安装内把手框

四、任务小结

1. 电动后视镜组成

电动后视镜主要由镜片、驱动电机、外壳和调整开关等组成。

2. 电动后视镜工作原理

通过改变电动机的电流方向，即可完成后视镜的上下及左右调整。

3. 电动后视镜故障原因

（1）熔断器故障。

（2）后视镜电机电路搭铁不良。

（3）后视镜开关损坏。

（4）后视镜电动机损坏。

4. 检修电动后视镜

（1）检查车外后视镜线路

（2）检修车外后视镜开关

① 拆卸车外后视镜开关。

② 检查车外后视镜开关。

③ 安装车外后视镜开关。

（3）检修车外后视镜

① 拆卸车外后视镜。

② 检查车外后视镜。
③ 安装车外后视镜。

五、任务评价

（一）课堂练习

1. 判断题

（1）电动后视镜的控制原理是通过改变电流方向继而改变电动机的旋转方向，最终实现改变其运动方向的目的。　　　　　　　　　　　　　　　　　　　　　（　　）

（2）测量车外后视镜开关 L 位置端子电阻，当开关置于 LEFT，规定状态为 10 kΩ 或更大。　　　　　　　　　　　　　　　　　　　　　　　　　　　　　　　（　　）

（3）拆卸车外后视镜时，螺丝刀头部必须缠有保护胶带。　　　　　　　（　　）

2. 单选题

（1）每个电动后视镜的后面都有（　　）个电动机驱动。

　　A. 1　　　　　　　B. 2　　　　　　　C. 3　　　　　　　D. 4

（2）将蓄电池正极（+）引线连接到端子 5(MV)上，负极（-）引线连接到端子 4(M+)上，后视镜转动正确方向为（　　）。

　　A. 上翻　　　　　B. 下翻　　　　　C. 左转　　　　　D. 右转

（二）技能评价

进行自我技能评价，完成表 6-22。

表 6-22　技能评价表

序号	内容	分值	得分
1	能选用适当的工具	10	
2	正确拆装后视镜开关	10	
3	检查车外后视镜线路	10	
4	检查车外后视镜开关 L 位置电阻	15	
5	检查车外后视镜开关 R 位置电阻	15	
6	正确拆装电动后视镜	20	
7	检查左右侧电动后视镜工作情况	20	
	总分	100	

注：操作正确即得分，操作错误或未进行操作即 0 分。

学习任务 6　安全气囊检修

一、任务目标

1. 掌握安全气囊的系统结构和工作原理。

2. 能够正确识读安全气囊电路图。
3. 掌握安全气囊故障现象的诊断思路与方法。
4. 能够按照正确方法和步骤对安全气囊进行检修。

二、知识准备

1. 汽车安全气囊的作用

安全气囊系统(Supplemental·Restraint·System,SRS)是为了减少汽车发生碰撞时由于巨大惯性力对驾驶员和乘员所造成的伤害而装设的一种被动安全系统。安全气囊安装于汽车驾驶员座前面和侧面,副驾驶员座前面和侧面以及乘员座两侧,如图 6-140 所示;其作用是汽车在发生强烈碰撞后,对驾驶员和乘客的头部和胸部进行保护防,如图 6-141 所示。

图 6-140 安全气囊的安装位置

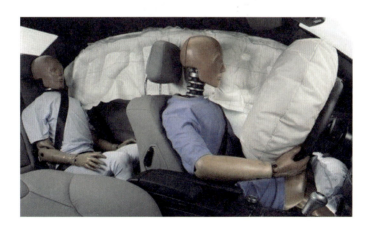

图 6-141 安全气囊的作用

2. 汽车安全气囊系统的组成

安全气囊系统是一种辅助保护系统,主要由碰撞传感器(卡罗拉 1.6AT 车型有 6 个)、安全气囊计算机、SRS 指示灯和气囊组件四部分组成。其中 SRS 指示灯显示系统工作状态及故障代码,电子控制装置(SRS·ECU)中设有紧急辅助电源、中央加速度传感器、安全传感器等,以确保安全气囊系统工作的准确性和可靠性。汽车安全气囊系统的组成如图 6-142 所示。

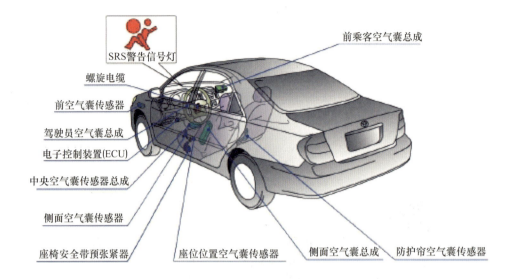

图 6-142　汽车安全气囊系统的组成

3. 汽车安全气囊总成的结构

安全气囊总成由点火器、气体发生剂、过滤器和气囊充气设备等组成,如图 6-143 所示。

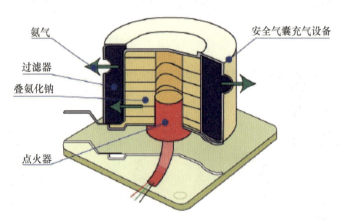

图 6-143　汽车安全气囊总成的结构

4. 汽车安全气囊系统的工作原理

碰撞传感器是安全气囊系统中主要的控制信号输入装置,作用是在汽车发生碰撞时,由碰撞传感器检测汽车碰撞的强度信号,并将该信号输入安全气囊计算机。安全气囊计算机根据碰撞传感器传送过来的信号,判断是否引爆充气元件以使气囊充气,如图 6-144 所示。

项目六　辅助电气设备检修

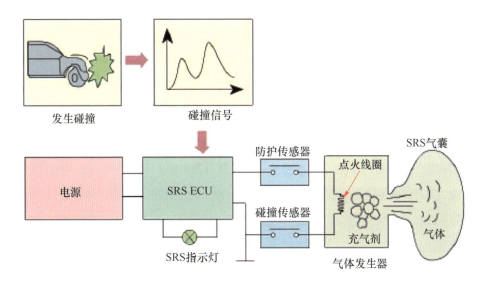

图 6-144　碰撞传感器的工作原理

当碰撞强度达到设定值时,碰撞传感器向 SRS·ECU 输入碰撞信号,SRS·ECU 经内部程序数字计算和逻辑判断后,向点火安全气囊总成内的电热点火器发出点火指令。点火剂受热爆炸,瞬间产生大量的热量使充气剂受热分解释放大量氮气充入气囊,气囊便冲开气囊总成装饰盖板鼓向驾驶员,使驾驶员头部和胸部压在充满气体的气囊上,如图 6-145 所示。

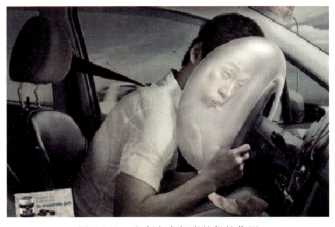

图 6-145　汽车安全气囊的保护作用

5. 汽车安全气囊的控制电路

前碰撞传感器 9、10 与安装在安全气囊 SRS·ECU 中的中心传感器并联,驾驶员侧气囊点火器 7 与副驾驶员侧气囊点火器 8 并联,左、右安全带收紧器点火器 5 并联。在安全气囊 SRS·ECU 中有两个相互并联的安全传感器,其中一个与安全带收紧器 5、6 和安全气囊 SRS·ECU 中的驱动电路构成回路,收紧器的点火器由安全气囊 SRS·ECU 控制。另一个安全传感器与气囊点火器 7、8 和前碰撞传感器 9、10 构成回路,气囊点火器 7、8 也由安全气囊 SRS·ECU 控制。汽车安全气囊的控制电路图如图 6-146 所示。

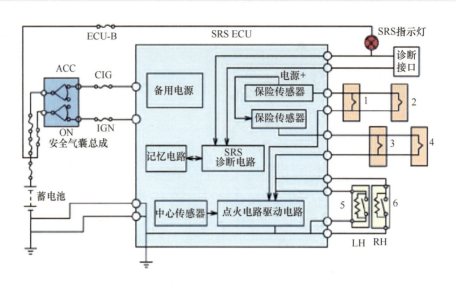

图 6-146 汽车安全气囊的控制电路图

1—蓄电池;2—安全气囊总成;3—SRS 指示灯;4—诊断接口;5/6/7/8—点火器;9/10—碰撞传感器

三、任务实施

(一) 实施方案

1. 质量要求

参照厂家的质量标准要求。

2. 组织方式

每四位同学一组,检修卡罗拉车上的安全气囊,按照企业岗位操作规范进行作业。每组作业时间为 90 分钟。

3. 作业准备

(1) 技术要求与注意事项

① 注意万能表使用中,挡位的正确选择。

② 使用电路图册时,要注意避免破损,电路图应与使用车型相对应。

③ 一般来说,汽车蓄电池电源线搭铁电源为 12 V,发电机正常输出电压不超过 14 V。

④ 注意电气线路在操作过程中的短路。

⑤ 维修手册所述的其他相关要求。

(2) 设备器材

设备器材如图 6-147 所示。

(3) 场地设施:理实一体化教室、消防设施等。

(4) 设备设施:2007 款卡罗拉 1.6 L/AT 轿车、常用工具、工具车、零件车、标保工具车、垃圾桶等。

(5) 安全防护:车轮挡块、室内三件套等。

(6) 耗材:干净抹布、精洗液等。

项目六 辅助电气设备检修

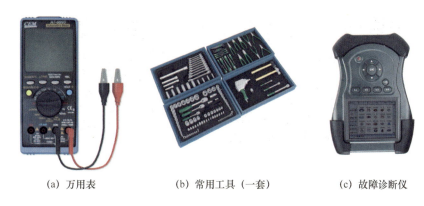

(a) 万用表　　　　　(b) 常用工具（一套）　　　　　(c) 故障诊断仪

图 6-147　设备器材

(二) 操作步骤

1. 读取故障码

自诊断系统在控制 SRS 指示灯长亮或闪亮的同时，还会将所发现的故障编成代码存储在存储器中。检查或排除安全气囊系统故障时，按照故障码优先原则，首先使用故障诊断仪 IT-II 对车辆进行故障检查，读取故障码。

（1）将诊断仪连接到 DLC3，点火开关置于 ON 位置，打开故障诊断仪。

（2）选择以下菜单项：Powertrain|EngineandECT|DTC。

（3）起动发动机，然后将点火开关置于 ON 位置，读取诊断仪上的故障码。

（4）清除故障码，再次读取故障码，检查故障码是否再次输出。

（5）执行故障排除操作之后，重新起动发动机，将点火开关置于 ON 位置，读取诊断仪上的故障码。

（6）清除故障码，再次读取故障码，检查故障码是否再次输出。如果读取到故障码，则按故障码显示检修相应故障部位，然后进行维修检查；无故障码输出且故障指示灯在规定时间后熄灭，说明故障排除；如果故障诊断仪读取不到故障码，则根据故障诊断的一般原则，对车辆进行下一步的诊断作业。

2. 检查蓄电池电压

用万用表测量蓄电池电压，标准电压为 11～14 V。如果蓄电池电压不在规定范围内，则检修蓄电池，使蓄电池电压在规定范围后检验故障是否排除。

（1）选用万用表，并打开万用表至欧姆挡。

（2）将万用表的红色表笔与蓄电池的正极相连，黑色表笔与蓄电池的负极相连，测量蓄电池电压，如图 6-148 所示。

（3）若电压低于 11 V，则对蓄电池充电或更换蓄电池。

（4）蓄电池电压在规定范围后验证故障是否排除。

注意事项

检查电压时，正负极表笔不要接反。

图 6-148　检查蓄电池电压

3. 检查连接器及连接线路

3.1　拆卸方向盘装饰盖

（1）将电缆从蓄电池负极端子上断开

> **注意事项**
>
> 断开电缆后等待 90 秒，防止气囊展开。

（2）拆卸方向盘 3 号下盖

使用头部缠有保护性胶带的螺丝刀，脱开卡爪并拆下方向盘 3 号下盖。

（3）拆卸方向盘 2 号下盖

使用头部缠有保护性胶带的螺丝刀，脱开卡爪并拆下方向盘 2 号下盖。

（4）拆卸方向盘装饰盖

① 使用"TORX"梅花套筒（T30），松开 2 个"TORX"梅花螺钉，直至螺钉边沿的凹槽与螺钉座齐平。

② 从方向盘总成中拉出方向盘装饰盖，并且用一只手支撑方向盘装饰盖，如图 6-149 所示。

> **注意事项**
>
> 拆下方向盘装饰盖时，不要拉动气囊线束。

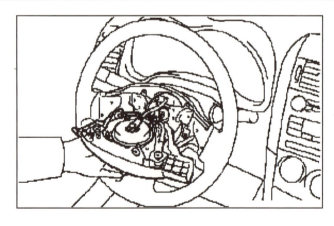

图 6-149　拆卸方向盘装饰盖

③ 将喇叭连接器从方向盘装饰盖上断开。

④ 使用头部缠有保护性胶带的螺丝刀,断开气囊连接器并拆下方向盘装饰盖,如图 6-150 所示。

> **注意事项**
>
> 拆处理气囊连接器时,小心不要损坏气囊线束。

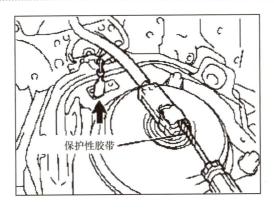

图 6-150　断开气囊连接器

3.2　检查连接器

(1) 将点火开关置于 OFF 位置。

(2) 断开蓄电池负极(—)电缆,等待至少 90 秒。

(3) 检查并确认连接器已正确连接至方向盘装饰盖、螺旋管线和 SRS·ECU。

(4) 将连接器从方向盘装饰盖、螺旋管线和 SRS·ECU 上断开。

(5) 检查并确认连接器端子是否损坏,如果结果不符合规定,则更换线束并检验故障是否排除。

3.3　检查气囊点火器连接线路

(1) 检查电路是否对 B+短路

① 将负极(—)电缆连接至蓄电池。

② 将点火开关置于 ON(IG)位置。

③ 根据表 6-23 中的值测量电压。

表 6-23　检查电路是否对 B+短路

检测仪连接	开关状态	规定状态
Y3-1(D−)—车身搭铁	点火开关置于 ON(IG)位置	低于 1 V
Y3-2(D+)—车身搭铁	点火开关置于 ON(IG)	低于 1 V

(2) 检查电路是否断路

① 将点火开关置于 OFF 位置。

② 断开蓄电池负极(一)电缆,等待至少 90 秒。

③ 根据表 6-24 中的值测量电阻。

表 6-24 检查电路是否断路

检测仪连接	开关状态	规定状态
Y3-1(D−)—Y3-2(D+)	始终	小于 1 Ω

(3) 检查电路是否对搭铁短路

根据表 6-25 的值测量电阻。

表 6-25 检查电路是否对搭铁短路

检测仪连接	开关状态	规定状态
Y3-1(D−)—车身搭铁	始终	1 MΩ 或更大
Y3-2(D+)—车身搭铁	始终	1 MΩ 或更大

(4) 检查电路是否短路

① 解除内置于仪表板线束连接器中的防激活机构,如图 6-151 所示。

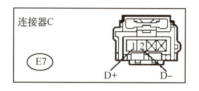

图 6-151 线束连接器

② 根据表 6-26 中的值测量电阻。

表 6-26 检查电路是否短路

检测仪连接	开关状态	规定状态
Y3-1(D−)—Y3-2(D+)	始终	1 MΩ 或更大

(5) 如果检查结果不在规定范围内,则检查 SRS·ECU

(6) 按照拆卸的相反顺序安装方向盘装饰盖

3.4 检查组合仪表板线束

3.4.1 拆卸组合仪表

(1) 拆卸仪表板左下装饰板

(2) 拆卸仪表板左端装饰板

(3) 拆卸仪表组装饰板总成

① 操作倾斜度调节杆以降下方向盘总成。

② 在图示位置粘贴保护性胶带,如图 6-152 所示。

③ 脱开导销、卡爪和 3 个卡子,并拆下仪表组装饰板总成。

项目六 辅助电气设备检修

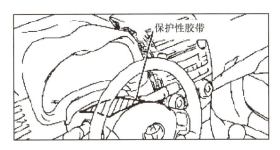

图 6-152 拆卸仪表组装饰板总成

(4) 拆卸组合仪表总成

① 拆下 2 个螺钉。

② 脱开 2 个导销。

③ 拉出组合仪表总成,断开连接器,并拆下组合仪表总成,如图 6-153 所示。

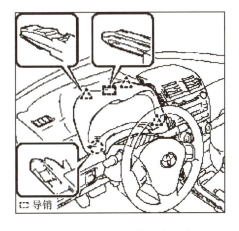

图 6-153 拆卸组合仪表总成

3.4.2 检查

(1) 将内置于仪表板线束连接器中已解除的防激活机构恢复到原来状态

(2) 检查电路是否对 B+ 短路

① 将负极(一)电缆连接至蓄电池。

② 将点火开关置于 ON(IG) 位置。

③ 根据表 6-27 中的值测量电压。

表 6-27 标准电压值

检测仪连接	开关状态	规定状态
E7-1(D+)—车身搭铁	点火开关置于 ON(IG) 位置	低于 1 V
E7-2(D−)—车身搭铁	点火开关置于 ON(IG) 位置	低于 1 V

(3) 检查电路是否断路

① 将点火开关置于 OFF 位置。

② 断开蓄电池负极(一)电缆,等待至少 90 秒。

③ 根据表 6-28 中的值测量电阻。

表 6-28　标准电阻值

检测仪连接	开关状态	规定状态
E7-1(D+)—E7-2(D-)	始终	小于 1 Ω

（4）检查电路是否对搭铁短路

根据表 6-29 中的值测量电阻。

表 6-29　检查电路是否对搭铁短路

检测仪连接	开关状态	规定状态
E7-1(D+)—车身搭铁	始终	1 MΩ 或更大
E7-2(D-)—车身搭铁	始终	1 MΩ 或更大

（5）检查电路是否短路

根据表 6-30 中的值测量电阻，检查电路是否短路。

表 6-30　开关标准电阻值

检测仪连接	开关状态	规定状态
E7-1(D+)—E7-2(D-)	始终	1 MΩ 或更大

（6）如果检查结果不符合规定，则更换组合仪表板线束并检验故障是否排除。

3.4.3　安装组合仪表

① 解除内置于仪表板线束连接器中的防激活机构。

② 测量电阻。

3.5　检查螺旋管线连接线路

（1）拆卸螺旋管线

① 使前轮处于正前位置。

② 将电缆从蓄电池负极端子上断开。

> **注意事项**
>
> 断开电缆后等待 90 秒，防止气囊展开。

③ 拆卸方向盘 3 号下盖。

④ 拆卸方向盘 2 号下盖。

⑤ 拆卸方向盘装饰盖。

⑥ 拆卸方向盘总成。

⑦ 拆卸仪表板 1 号底罩分总成。

⑧ 拆卸仪表板下装饰板分总成。

⑨ 拆卸喇叭按钮线束分总成。

⑩ 拆卸下转向柱罩。

⑪ 拆卸上转向柱罩。

⑫ 拆卸螺旋电缆（不带驻车辅助监视系统）。连接器从螺旋电缆上断开，脱开 3 个卡爪并拆下螺旋电缆。

⑬ 拆卸带转向角传感器的螺旋电缆(带驻车辅助监视系统)。从带转向角传感器的螺旋电缆上断开连接器,开 3 个卡爪,并拆下带转向角传感器的螺旋电缆。

> **注意事项**
>
> 处理气囊连接器时,小心不要损坏气囊线束。

⑭ 拆卸螺旋电缆(带驻车辅助监视系统)。脱开 6 个卡爪和 2 个销,并将螺旋电缆从转向角传感器上拆下,如图 6-154 所示。

(2) 检查

① 检查电路是否对 B+短路。将负极(−)电缆连接至蓄电池,如图 6-155 所示,将点火开关置于 ON(IG)位置。根据表 6-31 中的值测量电压。

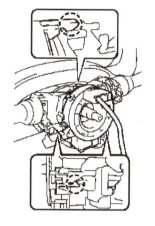

图 6-154　拆卸螺旋电缆

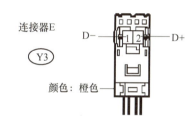

图 6-155　螺旋管线连接器

表 6-31　标准电压值

检测仪连接	开关状态	规定状态
Y3-1(D−)—车身搭铁	点火开关置于 ON(IG)位置	低于 1 V
Y3-2(D+)—车身搭铁	点火开关置于 ON(IG)位置	低于 1 V

② 检查电路是否断路。将点火开关置于 OFF 位置,断开蓄电池负极(−)电缆,等待至少 90 秒,根据表 6-32 中的值测量电阻。

表 6-32　检查电路是否断路

检测仪连接	开关状态	规定状态
Y3-1(D−)—Y3-2(D+)	始终	小于 1 Ω

③ 检查电路是否对搭铁短路,根据表 6-33 中的值测量电阻。

表 6-33　检查电路是否对搭铁短路

检测仪连接	开关状态	规定状态
Y3-1(D−)—车身搭铁	始终	1 MΩ 或更大
Y3-2(D+)—车身搭铁	始终	1 MΩ 或更大

④ 检查电路是否短路。解除内置于仪表板线束连接器中的防激活机构,根据表 6-34 中的值测量电阻。

表 6-34 检查电路是否短路

检测仪连接	开关状态	规定状态
Y3-1(D−)—Y3-2(D+)	始终	1 MΩ 或更大

⑤ 如果检查结果不符合规定,则更换螺旋管线并检验故障是否排除。

(3) 安装

按照拆卸相反顺序安装螺旋管线。

4. 检查左前传感器及传感器线路

4.1 拆卸左前气囊传感器

(1) 拆卸散热器上空气导流板

(2) 将电缆从蓄电池负极端子上断开

> **注意事项**
>
> 断开电缆后等待 90 秒,防止气囊展开。

(3) 拆卸散热器格栅防护罩

(4) 拆卸前保险杠总成

(5) 排放清洗液(带前大灯清洗器系统)

(6) 拆卸前大灯总成

(7) 拆卸前气囊传感器

① 将螺栓和前气囊传感器从车身上拆下。

> **注意事项**
>
> 由于前气囊传感器销(止动块)容易损坏,固定侧气囊传感器时松开螺栓。

② 将连接器从前气囊传感器上断开。

> **注意事项**
>
> 处理气囊连接器时,小心不要损坏气囊线束。

4.2 检查左前传感器连接器

(1) 将点火开关置于 OFF 位置。

(2) 断开蓄电池负极(−)电缆,等待至少 90 秒。

(3) 检查并确认连接器是否已正确连接到 SRS·ECU 和左前气囊传感器上,并且检查连接发动机室主线束和仪表板线束的连接器是否连接正确。

(4) 将连接器从 SRS·ECU 和左前气囊传感器上断开,并断开连接发动机室主线束和仪表板线束的连接器。

(5) 检查并确认连接器端子是否损坏。如果有损坏,则更换线束并检验故障是否排除。

4.3 检查左前传感器电路

(1) 检查电路是否断路

① 连接发动机室主线束和仪表板线束的连接器。

② 使用SST,连接仪表板线束连接器B的端子30(＋SL)和28(－SL),如图6-156所示。

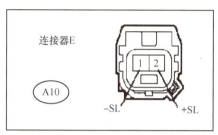
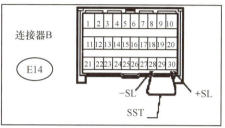

图 6-156　仪表板线束连接器

③ 根据表6-35中的值测量电阻。

表 6-35　检查电路是否断路

检测仪连接	开关状态	规定状态
A10-2(＋SL)—A10-1(－SL)	始终	小于1Ω

④ 如果检查结果不符合规定,则检查仪表板线束是否存在断路。

(2) 检查电路是否短路

① 将SST从连接器B上断开。

② 根据表6-36中的值测量电阻。

表 6-36　检查电路是否短路

检测仪连接	开关状态	规定状态
A10-2(＋SL)—A10-1(－SL)	始终	1 MΩ或更大

(3) 检查电路是否对B＋短路

① 将负极(－)电缆连接至蓄电池。

② 将点火开关置于ON(IG)位置。

③ 根据表6-37中的值测量电压。

表 6-37　检查电路是否对B＋短路

检测仪连接	开关状态	规定状态
A10-2(＋SL)—车身搭铁	点火开关置于ON(IG)位置	低于1 V
A10-1(－SL)—车身搭铁	点火开关置于ON(IG)位置	低于1 V

④ 如果检查结果不符合规定,则检查仪表板线束是否存在对B＋短路,如图6-157所示。

图 6-157 仪表板线束

(4) 检查电路是否对搭铁短路

① 将负极(一)电缆连接至蓄电池。

② 将点火开关置于 ON(IG)位置。

③ 根据表 6-38 中的值测量电压,检查电路是否对搭铁短路,如图 6-158 所示。

表 6-38 检查电路是否对搭铁短路

检测仪连接	开关状态	规定状态
A10-2(＋SL)—车身搭铁	始终	1 MΩ 或更大
A10-1(－SL)—车身搭铁	始终	1 MΩ 或更大

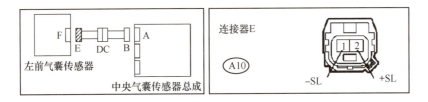

图 6-158 左前传感器电路图

5. 检查仪表板线束

(1) 检查电路是否断路

① 将仪表板线束连接器从发动机室主线束上断开。

② 使用 SST,连接仪表板线束连接器 B 的端子 30(＋SL)和 28(－SL)。

③ 根据表 6-39 中的值测量电阻,检查仪表板线束电路是否断路,如图 6-159 所示。如果检查结果不符合规定,则更换仪表板线束,否则更换发动机室主线束。检验故障是否排除。

表 6-39 检查仪表板电路是否断路

检测仪连接	开关状态	规定状态
AE4-1(＋SL)—AE4-2(－SL)	始终	小于 1 Ω

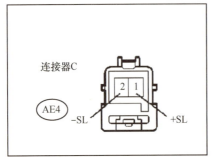
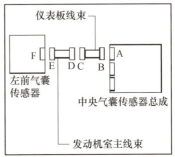

图 6-159 仪表板线束连接器及电路图

项目六　辅助电气设备检修

（2）检查电路是否短路

① 将仪表板线束连接器从发动机室主线束上断开。

② 根据表 6-40 中的值测量电阻，如有异常更换仪表板线束。

③ 如果检查结果不符合规定，则更换仪表板线束；否则更换发动机室主线束，检验故障是否排除。

表 6-40　检查仪表板电路是否短路

检测仪连接	开关状态	规定状态
AE4-1（+SL）—AE4-2（-SL）	始终	1 MΩ 或更大

（3）检查电路是否对 B+短路

① 将点火开关置于 OFF 位置。

② 断开蓄电池负极（-）电缆，等待至少 90 秒。

③ 将仪表板线束连接器从发动机室主线束上断开。

④ 将负极（-）电缆连接至蓄电池。

⑤ 将点火开关置于 ON（IG）位置。

⑥ 根据表 6-41 中的值测量电压。

⑦ 如果检查结果不符合规定，则更换仪表板线束；否则更换发动机室主线束，检验故障是否排除。

表 6-41　检查仪表板电路是否对 B+短路

检测仪连接	开关状态	规定状态
AE4-1（+SL）—车身搭铁	点火开关置于 ON（IG）位置	低于 1 V
AE4-2（-SL）—车身搭铁	点火开关置于 ON（IG）位置	低于 1 V

（4）检查电路是否对搭铁短路

① 将仪表板线束连接器从发动机室主线束上断开。

② 根据表 6-42 中的值测量电阻。

③ 如果检查结果不符合规定，则更换仪表板线束；否则更换发动机室主线束，检验故障是否排除。

表 6-42　检查仪表板电路是否对搭铁短路

检测仪连接	开关状态	规定状态
AE4-1（+SL）—车身搭铁	始终	1 MΩ 或更大
AE4-2（-SL）—车身搭铁	始终	1 MΩ 或更大

（5）安装仪表板线束

按照拆卸仪表板线束相反顺序，安装仪表板线束。

6. 检查 SRS·ECU 连接器及线束

（1）拆卸 SRS·ECU

① 将电缆从蓄电池负极端子上断开。

注意事项

> 断开电缆后等待 90 秒,防止气囊展开。

② 拆卸仪表板左下装饰板。
③ 拆卸仪表板右下装饰板。
④ 拆卸换挡杆把手分总成(手动传动桥)。
⑤ 拆卸换挡杆把手分总成(自动传动桥)。
⑥ 拆卸中央仪表组装饰板总成(手动传动桥)。
⑦ 拆卸中央仪表组装饰板总成(自动传动桥)。
⑧ 拆卸仪表盒总成。
⑨ 拆卸前 1 号地板控制台嵌入件。
⑩ 拆卸前 2 号地板控制台嵌入件。
⑪ 拆卸地板控制台上面板分总成。
⑫ 拆卸地板控制台毡垫。
⑬ 拆卸后地板控制台总成(手动传动桥)。
⑭ 拆卸后地板控制台总成(自动传动桥)。
⑮ 拆卸 SRS·ECU。翻起地毯,断开固定座(带有连接器),拆下 3 个螺栓和 SRS·ECU。

注意事项

> 处理气囊连接器时,小心不要损坏气囊线束。

(2) 检查连接器
① 将点火开关置于 OFF 位置。
② 断开蓄电池负极(一)电缆,等待至少 90 秒。
③ 检查并确认连接器是否正确连接至中央气囊传感器总成。
④ 将连接器从 SRS·ECU 上断开。
⑤ 检查并确认连接器端子是否损坏。如果有损坏,则更换线束并检验故障是否排除。
(3) 检查 SRS·ECU 与车身搭铁
① 将负极(一)电缆连接至蓄电池,如图 6-160 所示。

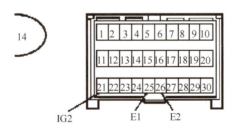

图 6-160 将电缆连接至蓄电池

② 将点火开关置于 ON(IG) 位置。
③ 操作电气系统的所有部件(除雾器、刮水器、前大灯、加热器鼓风机等)。

④ 根据表 6-43 中的值测量电压。

表 6-43　标准电压值

检测仪连接	开关状态	规定状态
E14-21(IG2)—车身搭铁	点火开关置于 ON(IG)位置	8～16 V

⑤ 将点火开关置于 OFF 位置。
⑥ 根据表 6-44 中的值测量电阻。
⑦ 如果检查结果不符合规定,则更换线束并检验故障是否排除。
⑧ 安装 SRS·ECU。

表 6-44　标准电阻值

检测仪连接	开关状态	规定状态
E14-25(E1)—车身搭铁	始终	小于 1 Ω
E14-26(E2)—车身搭铁	始终	小于 1 Ω

(4) 安装
按照与拆卸相反的顺序安装座椅部件。

四、任务小结

1. 汽车安全气囊的作用

安全气囊系统(Supplemental·Restraint·System,SRS)是为了减少汽车发生碰撞时由于巨大惯性力对驾驶员和乘员所造成的伤害而装设的一种被动安全系统。

2. 汽车安全气囊系统组成

安全气囊系统是一种辅助保护系统,主要由碰撞传感器(卡罗拉 1.6AT 车型有 6 个)、安全气囊计算机、SRS 指示灯和气囊组件四部分组成。

3. 汽车安全气囊总成结构

安全气囊总成由点火器、气体发生剂、过滤器和气囊充气设备等组成。

4. 汽车安全气囊系统工作原理

碰撞传感器是安全气囊系统中主要的控制信号输入装置,作用是在汽车发生碰撞时,由碰撞传感器检测汽车碰撞的强度信号,并将该信号输入安全气囊计算机,安全气囊计算机根据碰撞传感器传送过来的信号,判断是否引爆充气元件以使气囊充气。

5. 汽车安全气囊的控制电路

前碰撞传感器 9、10 与安装在安全气囊 SRS·ECU 中的中心传感器并联,驾驶员侧气囊点火器 7 与副驾驶员侧气囊点火器 8 并联,左、右安全带收紧器点火器 5 并联。在安全气囊 SRS·ECU 中有两个相互并联的安全传感器,其中一个与安全带收紧器 5、6 和安全气囊 SRS·ECU 中的驱动电路构成回路,收紧器的点火器由安全气囊 SRS·ECU 控制。另一个安全传感器与气囊点火器 7、8 和前碰撞传感器 9、10 构成回路,气囊点火器 7、8 也由安全气囊 SRS·ECU 控制。

五、任务评价

(一) 课堂练习

1. 判断题

(1) 拆下来的安全气囊为了放置稳妥,应使较平整的一面即装饰盖面朝下放置在地面上。( )

(2) 安全气囊安装于汽车驾驶员座前面和侧面,副驾驶员座前面和侧面以及乘员座两侧。( )

(3) 安全气囊系统是一种辅助保护系统,主要由碰撞传感器、安全气囊计算机和气囊组件三部分组成。( )

2. 单选题

(1) 安全气囊是辅助安全系统,简称( )。
    A. ECU   B. SRS   C. IPC   D. VTEC

(2) 在汽车没有发生碰撞的情况下,安全气囊的使用年限是( )。
    A. 5~6 年   B. 15~20 年   C. 7~15 年   D. 9~10 年

(二) 技能评价

进行自我技能评价,完成表 6-45。

表 6-45 技能评价表

序号	内容	分值	得分
1	能选用适当的工具	10	
2	正确读取故障码	10	
3	检查蓄电池电压	10	
4	检查连接器及连接线路	20	
5	检查左前传感器及传感器线路	20	
6	检查 SRS·ECU 连接器及线束	15	
7	故障检查	15	
	总分	100	

注:操作正确即得分,操作错误或未进行操作得 0 分。